> 음식물은 사기(邪氣)를 없애는 동시에
> 오장육부를 편안하게 하고
> 약은 정신을 안정시키며
> 오래 살 수 있게 혈기를 자양한다.
> 사람은 이 두 가지를 몰라서는 안 된다.

한의학박사와 요리전문가가 함께 만든 건강 레시피
아토피를 낫게 하는 맛있는 제철 요리

지은이 김성준, 권나영
펴낸이 정규도
펴낸곳 황금시간

초판 발행 2011년 10월 31일
초판 2쇄 발행 2013년 3월 28일

편집 권명희
디자인 김나경, 조영남
사진 박창완(스튜디오 창)
요리 & 스타일링 권나영, 유지현
어시스트 유경희, 임현수, 김호연, 박경화, 백수현, 정인선

황금시간
Golden Time

주소 경기도 파주시 문발로 211
전화 (02)736-2031(내선 361~363)
팩스 (02)736-2036

출판등록 제406-2007-00002호
공급처 (주)다락원
구입문의 전화: (02)736-2031(내선 250~252)
　　　　팩스: (02)732-2037

Copyright ⓒ 2011, 김성준·권나영

저자 및 출판사의 허락 없이 이 책의 일부 또는 전부를 무단 복제·전재·발췌할 수 없습니다. 잘못된 책은 바꿔 드립니다.

값 12,800원
ISBN 978-89-92533-37-9 13590

http://www.darakwon.co.kr

- 다락원 홈페이지를 통해 인터넷 주문을 하시면 자세한 정보와 함께 다양한 혜택을 받으실 수 있습니다.
- 기타 문의사항은 황금시간 편집부로 연락 주십시오.

한의학박사와 요리전문가가 함께 만든 건강 레시피

아토피를 낫게 하는 맛있는 제철 요리

김성준 · 권나영 지음

황금시간
Golden Time

한의학에서는 의사의 등급을 8단계로 나누었습니다. 첫째가 심의(心醫)요, 둘째가 식의(食醫)요, 셋째가 약의(藥醫)입니다. 넷째가 혼의(昏醫), 다섯째가 광의(狂醫), 여섯째가 망의(妄醫)이고, 그리고 일곱째가 사의(詐醫)요, 여덟째가 살의(殺醫)입니다.

예로부터 약으로 병을 고치는 약의(藥醫)보다 음식으로 고치는 식의(食醫)를 더 높은 수준의 의사로 쳤습니다. 그만큼 평소 섭취하는 음식과 질병의 관계가 깊다는 뜻이지요.

아토피 피부염 역시 유전적인 요인에서부터 먹는 것, 입는 것, 생활하는 주변의 모든 것 어느 하나 관련되지 않은 것이 없다고 하겠습니다만 그 중에서도 특히 음식이 차지하는 부분은 매우 큽니다. 그렇기 때문에 그간 여러 분야에서 아토피 피부염에 좋은 식재료나 음식들을 소개해 왔지만 대부분 단편적인 내용 일색이어서 지속적이고 체계적인 음식관리에 어려움이 많았습니다. 특히나 성인 아토피 환자보다 소아 아토피 환자들을 대상으로 한 식이요법엔 어려운 점이 더 많습니다. 〈동의보감〉 '소아' 편에 "남자 열 사람의 병을 치료하기보다 부인 한 사람의 병을 치료하기 어렵고, 부인 열 사람의 병을 치료하기보다 어린이 한 사람의 병을 치료하기가 어렵다."라고 한 구절을 보아도 잘 알 수 있습니다.

이렇듯 아토피 피부염에도 도움이 되면서, 까다롭고 예민한 아이들의 입맛도 살려서 두뇌 발달 및 신체 성장도 고려하고, 요리를 하는 엄마들의 고충도 헤아리려면,

예로부터 약으로 병을 고치는 약의(藥醫)보다 음식으로 고치는 식의(食醫)를 더 높은 수준의 의사로 쳤습니다. 그만큼 평소 섭취하는 음식과 질병의 관계가 깊다는 뜻이지요.

어느 한 분야의 전문가 혼자 해결방법을 도출해 내기가 어렵습니다. 이러한 현실에서 많은 아토피 환자들에 대한 진찰 및 치료 경험을 갖고 있으며 깊이 있는 학술연구를 해온 임상의와, 아동 요리와 푸드 스타일링에 조예가 깊은 음식전문가가 같이 만나 머리를 맞대고 고민한 연구 결과들을 모아 한 권의 책으로 출간한다는 것은 참으로 반가운 일입니다.

더군다나 아이의 아토피 피부염뿐만 아니라 요리를 하는 엄마, 그리고 일에 지친 피곤한 아빠에게도 다 같이 도움이 되는 요리들도 많다고 하니, 가족 모두가 같이 모여서 행복한 요리 시간을 가진다면 더할 나위 없이 좋겠지요. 이런 시간들을 통해 집안에 웃음꽃이 피고 아이가 행복감을 느끼게 되면 이 또한 아토피 피부염의 치료에 도움이 되니, 이는 식의(食醫)에서 심의(心醫)의 단계로 올라가게 되는 것이라 아니 할 수 없습니다.

아무쪼록 사랑이 넘치는 요리를 통해 아토피 없는 행복한 가정들이 많아지기를 간절히 기원합니다.

경희대학교 동서의학대학원장

손낙원

"이러이러한 식재료들은 아토피에 좋지 않으니 빼고 먹이세요."

"그럼 도대체 뭘 먹여요?"

"몸을 튼튼하게 하는 기본은 음식물에 있고 병을 치료하는 방법은 오직 약에 달려 있다. 음식을 적당히 먹을 줄 모르는 사람은 생명을 보존할 수 없고 약의 성질에 밝지 못한 사람은 병을 치료할 수 없다. 그러므로 음식물은 사기를 없애는 동시에 오장육부를 편안하게 하고 약은 정신을 안정시키며 오래 살 수 있게 혈기를 자양한다. 사람은 이 두 가지를 몰라서는 안 된다."

〈동의보감〉의 '내상'에 나오는 구절입니다. 한의학의 질병치료에 있어 음식이 얼마나 중요한 역할을 하는지 말해주고 있지요. 아토피 피부염에서도 예외가 아닙니다.

진료실에서 아토피 피부염 아이와 같이 온 엄마들과 대화를 하다 보면 제일 큰 관심사가 아이들 먹거리입니다. 그래서 제가 "이러이러한 식재료들은 아토피에 좋지 않으니 빼고 먹이세요." 하면 엄마들의 반응은 십중팔구 "그럼 도대체 뭘 먹여요?"입니다.

옛날 우리 어머님들이었다면 제 얘기를 듣자마자 좋지 않다고 하는 식재료를 뺀 적당한 음식을 머릿속에 그려내셨을 겁니다. 1년 365일 재래시장이나 텃밭에서 하나하나 재료들을 구해서 일일이 다듬고 손질하고, 그렇게 음식을 만드셨으니 얼마든지 변형과 응용이 가능하셨겠지요.

하지만 요즘 엄마들은 다릅니다. 맞벌이 가정의 증가와 외식산업의 발달로 인해 일주일에 몇 번씩 외식을 하고, 몇 번은 배달시켜서 먹고, 또 나머지는 백화점이나 대형마트 식품코너에 진열되어 있는, 거의 다 조리된 음식을 사와서 전자레인지에 데워 먹습니다. 이러한 식품들에는 제가 좋지 않다고 얘기하는 식재료들이 거의 다 들어 있습니다. 게다가 제대로 된 요리를 하는 횟수가 과거에 비해 현저히 줄어들어 젊은 엄마들의 요리 감

김성준
한의학 박사, 경희대학교 동서의학대학원 겸임교수, 아토일다산한의원장

각도 퇴화하게 됩니다. 그러다보니 "그럼 도대체 뭘 먹여요?"라는 말이 나올 수밖에 없는 것이지요.

  이 책은 더 이상 "무엇 무엇은 먹이지 마세요." 하는 네거티브 전략이 소용없음을 깨닫고 "이제 이러이러한 음식들을 만들어 먹여 보세요." 식의 포지티브한 방식으로 엄마들을 설득해 나가야겠다는 생각으로 쓴 책입니다.

  제 이론적인 부분을 보충해서 실제로 아이들이 잘 먹을 수 있는 요리를 만들고 스타일링을 해 주신 권나영 교수님을 만나지 못했다면 이 책은 나오지 못했겠지요. 그 과정에서 시행착오도 많았고, 아토피에 좋은 효능이 우선이냐, 맛과 요리의 편의성이 우선이냐에 관한 무수한 고민과 논의가 있었습니다.

  언제나 그렇듯 최선은 찾지 못하고 차선에 만족해야 했지만, 특정질환에 전문적인 식이요법을 처음 시도한다는 점에서 여러 가지 성과가 있었기에 졸고임에도 부끄러움을 무릅쓰고 이렇게 세상에 내놓습니다.

  제 인생의 유일한 스승이신 손낙원 교수님, 권나영 교수님과 의기투합할 수 있도록 힘써준 한식연 이미애 연구원, 영양학 부분 교정보느라 애쓰신 김진경 박사, 논문 찾느라 고생하신 김현지 박사, 전반적으로 귀한 도움 말씀을 주신 천병태 회장님, 일본 관련 자료 찾아주시느라 애쓰신 홍현령 씨, 수산물 자료와 관련해 귀한 시간을 내어주신 강릉원주대학교 정인학 교수님 그리고 정춘근 박사, 60여 가지가 넘는 요리를 하는 동안 찡그린 표정 한 번 없이 옆에서 도와주신 인천문예전문학교 교수님들과 학생 여러분, 마지막으로 궂은 일 도맡아 하시느라 애 쓰신 권명희 편집장님께 진심으로 감사의 말씀 전합니다.

저자의 말

아토피 환자도 맛있는 음식을 실컷 먹을 수 있어야지요.

요리하는 즐거움도 충분히 느낄 수 있도록 다양한 요리법을 담았습니다.

걱정 반 기대 반, 그리고 가득한 열정으로 시작한 일이었습니다. 망설이는 시간이 끝난 뒤에는 "그래, 결심했어!" 하는 심정으로 아토피 요리 공부에 매달렸습니다. 관련 도서를 탐독하고 동료 교수님들과 상의하고 학생들에게 어떤 음식이 좋겠는지 설문조사도 했습니다. 특히 아토피를 앓고 있는 학생들을 인터뷰하며 어떤 음식들을 먹으면 문제가 생기는지, 부모님들이 가장 힘들어하는 부분이 뭔지 등을 기록해나갔습니다.

아이들이 즐겁게 먹고, 먹으면서 건강해질 수 있는 아토피 요리를 만드는 것은 쉬운 일이 아니었습니다. 밀가루, 설탕, 소금, 달걀 등 사용하면 안 되거나 함부로 쓸 수 없는 식재료가 많은 상황에서 맛을 내기란 여간 힘든 일이 아니었습니다. 김성준 교수님과 레시피를 놓고 재료의 수준을 어떻게 맞출 것인지 장시간 토론을 하기도 했습니다. 하지만 먹는 것만으로도 치료에 도움이 되는, 맛있는 아토피 요리를 만든다는 대명제 덕분에 항상 기분 좋은 합의에 이를 수 있었습니다.

'맛있는 아토피 치료 요리'라는 의미 외에, 여기에 소개한 요리들의 특징은 다음과 같습니다. 먼저, 고기, 생선, 해산물을 적절히 사용하여 영양의 균형을 맞추었습니다. 둘째, 제철 식재료를 활용하고 요리 때 주의할 점과 아토피 반응이 올 경우 대체할 식재료를 적어두었습니다. 음식은 맛있게 만드는 것도 중요하지만 어떤 재료를 쓰느냐에 따라 확 달

권나영
푸드 스타일리스트, 인천문예전문
학교 식공간연출학부 교수

라지지요. 특히 아토피 환자를 위한 음식이므로 까다롭게 재료를 고를수록 몸에 좋다는 점을 잊지 말아야겠습니다. 셋째, 다양한 요리법을 적용해 일반적인 요리를 배우는 즐거움도 느낄 수 있도록 했으며, 마지막으로 식사, 간식, 음료 등을 고루 준비해 다양하게 활용할 수 있도록 했습니다.

요리를 만들고 푸드 스타일링을 하는 즐거움과는 또 다르게 책을 낸다는 것은 어렵고 힘든 과정이었습니다. 하지만 책을 읽는 분들에게 도움이 되고, 요리를 통해 아이들에게 작지만 큰 기쁨과 건강을 전할 수 있다면 이보다 보람 있는 일은 없을 것이란 생각에 최선을 다했습니다.

연구하고 토론하며 함께 최고의 아토피 요리 책을 만들기 위해 힘쓰신 김성준 교수님, 든든하게 뒷받침해주신 권명희 편집장님께 감사드립니다. 멋진 스승 경기대학교 대학원 나정기 교수님, 존경하는 이우영 이사장님, 늘 빛이 나는 정지수 학장님, 저의 멘토인 송원경 학과장님, 책을 낼 수 있도록 도와준 친구 한국식품연구원 이미애, 늘 힘이 되어주는 홍숙경 교수님, 예쁜 스타일링과 요리를 함께 해준 유지현 교수님, 촬영 내내 가장 큰 힘이 되어준 제자 유경희, 임현수, 김호연, 박경화, 백수현, 정인선, 그리고 가장 사랑하는 할머니와 부모님, 제 몫의 작은 영광이 있다면 이분들과 나누고 싶습니다.

차 례

- 4 추천사
- 6 저자의 말
- 12 일러두기
- 14 아토피 요리 지침

- 91 깻잎 단무지 당면
- 93 도토리묵 국수
- 97 오디잼과 오디편
- 99 가지 매실청 탕수
- 101 쥐눈이콩 아삭주먹밥
- 105 검은깨소스를 곁들인 해물수육
- 109 유자 농어 조림
- 113 장어 오징어순대
- 117 무장아찌 쌀국수
- 121 홍합 당면 샐러드

 봄   여름

- 39 토마토 콩국수 볶음
- 41 콩고기 햄버그스테이크
- 45 바지락 도토리묵 수제비
- 49 톳 팬케이크
- 51 목이버섯 리조또
- 55 봄나물 샤브샤브 샐러드
- 59 감자 쑥전과 소고기 채소 볶음
- 61 주꾸미 김치 라이스페이퍼 롤
- 65 표고버섯 도미살 완자찜
- 69 오리 새싹 샐러드
- 73 꼬막 쌀국수 볶음
- 77 청포묵과 키조개에 곁들인 과일 채소 드레싱
- 81 도다리와 시금치 유부주머니
- 85 해삼 피조개 볶음밥

- 163 호박 퐁듀
- 165 단호박 팥 양갱
- 169 수수 팥 부꾸미
- 173 굴 버섯 배추 볶음
- 177 아귀살 다시마 말이
- 181 무청 된장 리조또
- 185 명태살 달콤 강정
- 189 오방색 새알 미역국
- 191 해물 동글이 미역국

가을 | 겨울 | 음료

- 127 토란 두유 파스타
- 131 치자 가래떡 잡채
- 135 쌀국수를 곁들인 낙지 떡볶이
- 137 두부소스에 버무린 낙지 샐러드
- 139 문어 브로콜리 볶음
- 141 해물 녹차 핫바
- 145 마 아욱전
- 149 소고기 건과일 피자
- 153 쌀국수와 우렁이 초무침
- 155 모듬 채소와 우렁이 냉채
- 157 배 홍시 깍두기

- 195 과일 화채
- 196 당근 셔벗
- 197 들깨 세이크
- 198 매실 에이드
- 199 오미자 화채
- 200 수박 빙수
- 201 오디 두부 스무디
- 202 매실 요거트
- 203 고구마 곡물 세이크

- 206 참고문헌

일러두기

01 향신료는 적을수록 좋아요

이 책에 소개한 요리들은 어른은 물론 초등학생 이하 소아 아토피 환자들도 먹을 수 있도록 만든 것입니다. 그러다보니 영양이나 질병에 도움이 되는 쪽으로만 레시피를 구성하기가 매우 어려웠습니다. 성인 아토피 환자들이라면 미리 설명을 하고 "맛이 없어도 치료에 도움이 되니 잘 드세요." 하면 별 문제없이 받아들이지만 아이들은 그렇지 않지요. 그래서 '필요악'인 향신료와 가공 양념을 최소한으로 더한 요리도 있습니다.

인스턴트식품과 패스트푸드에 길들여져 있던 아이들의 입맛을 하루아침에 다 뜯어 고칠 수는 없습니다. 그러니 초기에는 최소한의 향신료와 가공양념을 넣어서(아이가 이런 재료 없이도 잘 먹을 수만 있다면 안 넣는 게 제일 좋습니다.) 아이가 맛있게 먹을 수 있도록 돕고, 그 이후 서서히 줄여 나가는 방법이 좋겠습니다. 이러한 고육책을 내놓는 것은, 아무리 영양이 풍부하고 기능성이 뛰어난 요리라 하더라도 아이가 먹지 않으면 소용이 없으며, 식당에서 파는 음식보다는 훨씬 아토피 치료에 도움이 되기 때문입니다.

02 〈동의보감〉에 근거한 설명

각각의 식재료들을 사상체질의학적 관점으로 분류해 설명하는 방법도 있으나, 아이들의 체질을 객관적으로 정확히 분류하는 데는 현실적인 어려움이 다소 있어서 〈동의보감〉에서의 약성을 위주로 하여 설명하였습니다.

03 팁() 란은 반드시 체크!

각 음식의 식재료 중에는 아이에 따라 아토피 증상에 좋지 않은 영향을 미치는 것이 있을 수도 있습니다. 이런 경우에는 팁( ) 란에 설명을 하고 대체할 수 있는 재료들을 적어 놓았으니 요리할 때 항상 참고하길 바랍니다.

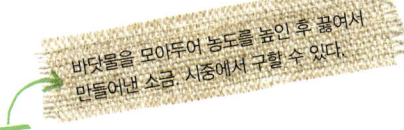
바닷물을 모아두어 농도를 높인 후 끓여서 만들어낸 소금. 시중에서 구할 수 있다.

04 소금 대신 자염이나 죽염

소금은 우리의 전통 방식으로 바닷물을 끓여 만든 자염이나 죽염으로 대체하는 것이 제일 좋고 다음으로는 토판염(갯벌 위에서 소금과 바람으로 만든 비정제 소금). 마지막으로는 일반 천일염이 좋습니다. 공장에서 가공한 염화나트륨 덩어리는 되도록 쓰지 마세요.

05 설탕 대신 유기농 조청

감미료는 전통방식으로 식혜를 고아서 만든 유기농 조청이 제일 좋습니다. 꿀은 열성이라 아토피에 좋지 않으니 쓰지 말고, 설탕을 쓸 수밖에 없다면 황설탕을 쓰세요.

06 냉압착 흑임자기름이 최고

참기름이나 들기름은 볶은 다음 압착해서 짠 것보다 열을 가하지 않고 짠 냉압착유를 추천합니다. 과거에는 손수 짜야 했지만 요즘은 유기농 매장 등에서 냉압착유를 구할 수 있습니다. 참기름은 검정참깨(흑임자)로 짜는 게 제일 좋습니다.

한의학박사와 요리전문가가 함께 만든 건강 레시피
아토피를 낫게 하는 맛있는 제철요리

아토피 요리 지침

1. 맵고 기름진 음식은 피하라
2. 엄마가 잘 먹어야 아이도 잘 먹는다
3. 아이와 같이 요리하라
4. 지능과 집중력을 떨어뜨리는 가공식품 퇴출!
5. 아이와 엄마에게 모두 좋은 해산물
6. 나물과 쌈을 많이 먹이자
7. 물을 많이 마시지 말라
8. 가능한 한 찌거나 삶아서 조리하라

지침
아토피를 낫게 하는
요리

1 맵고 기름진 음식은 피하라

아토피 피부염 증상이 심한 아이들이 방학 때 보름이고 한 달이고 템플 스테이를 하고 나면 증상이 호전되는 것을 볼 수 있다. 이유는 여러 가지가 있겠지만 제일 큰 부분을 차지하는 것이 오신채(伍辛菜) 혹은 오훈채(五葷菜)라고 하는 다섯 가지 매운 양념(마늘, 파, 달래, 부추, 무릇)과 화학조미료를 넣지 않은 담백한 채식 위주의 밥상 덕분이 아닐까 한다.

아토피 아동에게 고칼로리 음식은 독과 같다. 한의학에서는 아토피를 열이나 화가 몸에 축적되어 발생하는 것으로 해석한다. 몸에 열독이 쌓여 있는데다 고칼로리 음식을 먹으면 기초대사량 이상의 남는 칼로리가 열독으로 변해서 증상을 더욱 악화시키기 때문이다.

"약간 모자란 듯 먹으면 의사가 필요 없고, 배부르게 먹으면 당해낼 의사가 없다."라는 말을 아토피 피부염 환자들은 명심해야 한다.

여러 한의학 양생서들도 건강하게 오래 살려면 기름진 음식을 조절해 먹어야 한다는 말을 빼놓지 않는다. 기름진 음식은 열을 만들기 쉬우며, 만병의 근원이 되기 때문이다.

모자란 듯 먹으면 의사가 필요 없다

특히 어린이들은 본래 열이 많은데다 열로 인해서 병이 나는 경우가 대부분이다. 그래서 〈동원십서〉에서는 "아이들은 혈과 기가 왕성하고 음식이 쉽게 소화되어 먹는 것이 한정 없으나 장위(腸胃)가 아직 약하고 좁기 때문에 열을 내거나 소화되지 않는 음식을 모두 금해야 한다."라며 기름진 음식을 경계하고 있다.

〈동의보감〉에서도 피부병의 일종인 종기가 있을 때는 "양고기, 닭고기, 쇠고기, 거위고기, 물고기, 국수, 지지고 볶은 것, 술 등을 삼가야 한다. 만일 삼가지 않으면 반드시 열이 난다. 그것은 기름진 음식이 잠복된 열을 끌어내기 때문이다. 그러므로 늘 잘 먹는 사람은 이를 반드시 지켜야 한다. 추운 겨울 또는 허약한 사람, 나이 많은 사람은 기름진 음식을 적당히 먹어서 위기(衛氣)를 보해야 헌데가 빨리 아문다."라고 적고 있다. 열을 발생시킬 수 있는 육류나 기름진 음식이 피부질환에 해롭다는 의미다.

이러한 견해에 대해 현대의 학자들도 동의하고 있다. 기름진 음식, 특히 튀김 등을 많이 먹으면 알레르기 반응이 커져 아토피나 고초열, 천식 같은 알레르기성 질환의 발병률이 높아진다는 학계의 보고가 있고, 일본에서는 이미 칼로리를 제한하는 절식요법을 아토피 피부염 치료에 사용하고 있다. 동물실험에서 칼로리를 제한하였을 때 아토피 피부염 증상이 호전되었으며 이후 임상을 통해 사람에게서도 절식요법이 우수한 효능을 나타냈다는 보고가 있었다.

등 푸른 생선 대신 흰살 생선 많이 먹어야

열을 만드는 또 하나의 요인은 야식과 과식이다. 특히 저녁에 과식을 하면 과잉 에너지가 열을 발생시켜 아토피 피부염을 악화시킨다. 당분이 많은 과일도 잠자기 두 시간 전에는 먹지 않는 것이 좋다.

불가에서 오신채를 금지하는 이유는 맵고 향이 강한 성질이 마음을 흩뜨려 수행에 방해가 되기 때문이라고 한다. 기름진 음식과 맵고 자극적인 양념들은 열을 많이 내므로 아토피 피부염 환자도 적극적으로 삼가야 한다.

〈동의보감〉에서 "마마 때는 비위가 기본이 되므로 처음부터 마지막까지 잘 먹으면 순조롭게 지난다. 그리고 싱겁게 먹는 것이 좋다."라고 하였고, "신 것, 5가지 매운 것(파, 마늘, 생강, 부추, 염교)과 독이 있는 것을 먹이지 말라. 열독이 간을 훈증하여 예장(瞖障, 안과질환의 일종)이 생길 수 있기 때문이다."라고 하여 피부질환에 맵고 자극적인 양념이 좋지 않다는 것을 강조하고 있다.

또한 "고름이 잡힐 때는 늙은 닭[老鷄]을 먹어서 기를 보할 것이고 (중략) 처음부터 마지막까지 비린내 나는 생선만은 먹지 말아야 한다. 그것이 담(痰)을 돕고 기를 막히게[濡] 하기 때문이다."라고 하여 등 푸른 생선처럼 비린내가 많이 나는 해산물도 피부질환에 좋지 않다고 했다. 반면 비리지 않은 조기, 가자미, 명태, 갈치 등의 흰살 생선은 아무 문제가 없고 성장기 어린이에게 필요한 영양이 듬뿍 들어 있으므로 적극적으로 요리에 활용하는 것이 좋겠다.

과유불급이란 말처럼 모든 것이 풍족한 세태가 오히려 문제를 일으킨다. 꼭 부족해서가 아닌, 풍요로운 상황이어도 먹고 싶은 것을 참고, 가려 먹는 지혜가 아토피 피부염을 앓고 있는 아이들에게 꼭 필요한 마음가짐이라고 할 수 있다.

2 엄마가 잘 먹어야 아이도 잘 먹는다

아토피 아이에게 좋은 음식은 엄마나 아빠에게도 좋은 음식이다. 그러므로 아이에게 좋은 음식을 조리하여 함께 먹으면 좋다. '애들 앞에선 찬물도 못 마신다.'라는 속담이 있는데, 이 말을 뒤집으면 "엄마 아빠가 하면 애들도 따라서 한다."가 되겠다. 그렇다. 엄마가 먼저 좋은 음식을 먹어야 아이들이 따라서 먹게 된다.

놀랍게도 이 원칙은 아이가 엄마 뱃속에 있을 때부터 적용된다. 태아는 12주 정도면 양수를 삼키기 시작하는데, 이 시기에 태아의 혀에는 맛을 느낄 수 있는 맛봉오리(미뢰)가 충분히 발달한다.

또한 이 시기는 정상의 경우 산모의 입덧이 사라지는 때와 거의 일치한다. 즉, 산모도 태아도 다양한 음식을 먹을 준비가 된 것이다. 산모는 본인과 태아의 건강을 위해 다양한 음식을, 태아는 바깥세상에 나가서 먹게 될 다양한 음식의 맛에 미리 적응하기 위해 여러 가지 향과 맛이 녹아 있는 양수를 잘 먹어야 한다. 이 과정에서 잘못되면 나중에 반드시 문제가 생긴다. 임신 3개월 이후에도 과도한 입덧이 지속되면 적극적으로 치료해야 하는 이유 중 하나다.

임신 중 식습관이 아이의 입맛을 만든다

임신 중 식습관이 아이의 입맛을 결정할 수 있다는 흥미로운 연구 결과도 있다.

2010년 미국 콜로라도 의과대학 J. 토드랭크 박사팀이 발표한 내용에 따르면 쥐가 임신 중에 먹은 음식의 맛이나 향을 새끼들도 선호하는 것으로 나타났다.

이는 양수에 해답이 있다. 엄마가 어떤 음식을 섭취하느냐에 따라 양수의 냄새와 맛이 달라지고 이 냄새에 지속적으로 노출되면 그것에 길들여질 뿐만 아니라 후각 형성에도 자극을 줄

수 있다. 즉 임신 중에 먹은 음식이 아이의 식성이나 입맛에 영향을 미칠 수 있다는 얘기다.

이뿐만 아니라 그 영향은 아기가 태어난 후 모유 수유를 통해 지속된다. 엄마가 먹은 음식의 향과 맛이 불과 수 분 내에 모유를 통해 아이에게 전달되는 것을 여러 실험 결과가 입증하고 있다. 신선한 채소, 곡류, 생선 및 발효식품을 먹은 엄마의 모유를 통해 아기는 그러한 음식의 맛과 향을 느끼고 친숙해진다. 반복되는 이러한 자극들은 아이가 나중에 고형식을 먹을 때 맛과 향의 변화나 새로운 경험에 대해 미리 준비하도록 큰 도움을 준다. 반대로 엄마가 임신과 수유 기간 동안 패스트푸드와 인스턴트식품을 즐겨 먹었다면 그 영향 또한 아이에게 그대로 전달된다.

유아기를 지나서도 엄마의 영향력은 지대하다. 영아기 때 생긴 음식의 선호도는 인생의 나머지 시간 동안 음식의 선택에 영향을 끼친다. 특히 두 살에서 다섯 살 사이에 다양한 음식들을 경험하지 못하면 아이들은 어른이 되어서도 편식할 확률이 매우 높다. 그러면 또 다음 세대로 편식이 대물림되는 악순환이 반복될 것이다.

음식 선호도의 발달은 푸드 네오포비아(food neophobia)라는 개념으로도 설명된다. 푸드 네오포비아란 전에 먹어보지 못한 새로운 음식을 접했을 때 거부반응을 나타내는 것을 뜻한다. 따라서 특정 음식에 대한 혐오증을 없애려면 아이에게 그 음식을 자주 노출시키고, 요리를 달리해서 맛보게 하는 노력이 필요하다.

미국 미시간주립대학 간호학과의 M. 호로딘스키 교수팀은 어린이의 식습관이 엄마의 식습관에 달려 있다는 연구 결과를 발표하였다. 400가구의 백인 저소득층을 대상으로 1~3세의 어린이를 관찰한 결과, 과일 및 채소를 충분히 먹지 않는 엄마를 둔 어린이는 과일 및 채소를 먹는 식습관을 갖기 힘들다는 사실이 밝혀졌다. 학술지 〈퍼블릭 헬스 너싱(Public Health Nursing)〉에 발표한 논문에서 연구팀은 "어린이의 식습관은 엄마의 식습관에서 많이 영향을 받는다는 사실이 확인되었다. 따라서 어린이가 건강한 식습관을 갖게 하려면 엄마의 식습관부터 살펴야 한다. 채소 및 과일을 먹지 않는 식습관을 가진 어린이는 성인이 되어서 만성질환들이 발생할 위험이 크다."고 주장하였다.

또한 자신의 자녀가 평소 익숙하지 않은 음식을 꺼린다는 생각을 가진 엄마를 둔 아동일수록 과일 및 채소를 덜 먹는다는 사실도 밝혀졌다. 호로딘스키 박사는 "아이가 익숙하지 않은 음식을 아예 먹지 않은 것은 부모의 식습관이나 사고방식에서 비롯되었을 가능성이 높다. 이런 부모일수록 과일과 채소의 중요성을 간과하는 경향이 크다. 매일 과일과 채소를 충분히 섭취하는 식습관을 유지하기 위해서는 가족 단위의 노력과 관심이 필요하다. 특히 엄마가 과일, 채소를 많이 먹어야만 자녀도 따라하게 된다."고 강조하였다.

과거에 발표된 다른 연구 결과도 '적어도 15세까지는 다양한 음식을 접하게 하여 자녀의 음식 선호도를 바르게 잡아주는 것이 좋다.'고 밝히고 있다.

3 아이와 같이 요리하라

아이들은 음식재료를 장난감처럼 가지고 노는 것을 좋아한다. 많은 엄마들이 요리할 때 방해가 되거나 위험하다는 이유로 아이를 떼어놓으려고 하는데, 비교적 안전하고 간단한 것은 아이에게 맡겨보자. 예를 들어 메추리알 껍질을 깐다든지, 채소 씻기, 밀가루 반죽 치대기 등을 시키면 굉장히 좋아한다.

내가 어릴 때도 그랬듯이, 지금 나의 아이들은 송편이며 만두며 수제비, 부침개, 김치, 식혜 등 음식을 만들 때 간단한 일은 같이 한다. 정확히 말하면 '일'이 아니라 일종의 '놀이'로 받아들인다. 송편과 만두를 빚으면서 요즘 엄마들이 즐겨 하는 표현인 '소근육'이 발달하고 예술적 창의성이 길러지고, 김치와 식혜를 만들면서 발효 현상에 대한 심도 깊은 '밀착 관찰'도 이루어진다.

잘 먹고 똑똑한 아이로 키우는 비결

좀 더 전문적으로 얘기하자면, 요리과정을 통해 아이들은 요리 재료들의 물리적 특성을 이해하고, 조리과정에서 일어나는 화학적 변화를 경험하며, 다른 사람과 의논하고 협동하는 태도를 갖게 된다.

또한 요리재료를 만져보고, 탐색하고, 만들어보고, 먹기까지의 전 과정을 통해 건강, 사회, 언어, 표현, 탐구 등 모든 영역을 접하고 공부하게 된다. 놀이와 공부를 같이 하는 아주 이상적이고 경제적인 학습방법이 아닐 수 없다. 그러니 비싼 돈 내고 아이들 우르르 모여 밀가루로 장난치는 프로그램에 데리고 갈 필요가 없다.

이런 과정을 통해 엄마와 아이 사이에 믿음이 쌓이고, 요리가 완성되었을 때 아이는 말할 수 없이 뿌듯함을 느끼게 된다. 식재료와 요리에 친숙해짐으로써 낯선 음식을 거부하는 증상이나 특정 음식에 대한 선입견도 없앨 수 있다. 음식에 대한 소중함을 스스로 깨닫는 기회도 된다.

아이들을 시장에도 데리고 다니면서 아이에게 채소와 생선 이름을 반복해서 알려주도록 하자. 식재료의 이름을 많이 아는 어린이는 그렇지 않은 어린이에 비해 편식을 하지 않고 골고루 잘 먹는다. 주말농장이나 아파트 베란다에서 아이와 함께 여러 가지 채소를 직접 키운다면 더욱 좋을 것이다.

이와 관련하여 1988년에 이미 '두 살짜리 아이들을 음식 만드는 데 참여시켰더니 그 음식을 선호하는 경향을 보였다.'거나 '청소년들도 자신이 참여하여 만든 음식을 다른 음식보다 좋아한다.'는 연구 결과가 발표되었다. 영국에서는 이러한 점에 주목하여 12~13세 아이들을 대상으로 한 '방과 후 학습 프로그램'으로, 음식 준비의 기술을 배우고 건강한 음식을 고르며 요리도 하는 '푸드 클럽'을 운영하고 있다. 아이들은 이러한 활동을 통해 단순히 요리법을 배우는 데 그치지 않고 음식을 만드는 즐거움, 만족감, 성취감 등을 갖게 된다.

또한 요리를 하는 것 자체가 다중지능 향상에 도움이 되는 것으로 나타났다. 다중지능이란 미국 하버드대 교육심리학과 H. 가드너 박사가 지적능력을 평가하는 지능지수 (IQ)에 정서능력, 창의력, 적성을 포함하여 만든 종합지능이론으로, △언어 △논리수학 △음악 △공간 △신체운동 △인간친화 △자기성찰 △자연친화 등 8가지 요소로 구성된다. 요리 과정을 통해 여러 가지 요소가 상호작용하여 다중지능을 높이는 것이다.

펜실베이니아 주립대학교의 K.L. 케이슨 박사의 2001년 연구에 의하면, 6천102명의 미취학 아동에게 과일과 채소 구별하기, 요리 도중에 음식 맛보기 등 다양한 내용의 영양교육을 12회 실시했을 때 다중지능이 향상되는 것으로 나타났다.

또한 2002년 스탠포드대학의 D. 매시슨 박사는 2년 동안 부엌에서 공립유치원 아동의 놀이를 평가한 결과, 색깔이나 모양, 촉감 등 물리적 특징으로 음식을 분류하던 아이들이 식사를 계획하고 준비하며 직접 식탁을 차려 음식을 옮기고, 먹고 난 후 설거지를 하는 등의 활동을 한 후에는 모든 다중지능 영역에서 능력이 향상되었다는 보고서를 발표했다.

최근 공부를 잘하기 위한 방법으로 '자기주도학습'이 강조되는데, 이것은 아이의 자존감과 전두엽의 작업 기억(working memory)이 기본이 된다. 목표를 이루기 위해 계획을 세우는 능력 등이 좋아지고, 그 과정에서 자존감이 향상된다. 아이들의 수행능력은 일상생활에 참여함으로써 좋아지는데, 주방에서의 활동은 일찍이 작업능력을 측정하는 기준이 되어 왔다. 주방에서 활동을 잘하는 아이들이 그렇지 않은 아이보다 자기억제 능력이나 행동조절 능력이 뛰어나다는 연구 결과도 발표된 바 있다.

4 지능과 집중력을 떨어뜨리는 가공식품 퇴출!

건강한 식단이 심장병이나 당뇨병, 비만을 예방하는 등 신체 건강에 중요한 요소라는 것은 모두가 알고 있지만 음식이 정신건강에 영향을 미친다는 사실은 널리 알려져 있지 않다.

한의학에서 음식은 정신건강의 기초가 되는데, 〈황제내경〉에서는 "사람은 하늘의 5기(氣)를 먹고 땅의 5미(味)를 먹는다. 5미는 입으로 들어가서 장위에 저장되며 5기에 영양을 주어 진액이 생겨나고 신(神)도 생겨난다."고 하였다.

5미는 매운 맛(辛), 쓴 맛(苦), 단 맛(甘), 신 맛(酸), 짠 맛(鹹)이라는 뜻도 있으나 여기서는 음식물의 총칭으로, 음식이 정신건강의 근본이 됨을 이야기하고 있다. 신(神)은 일종의 건강한 정신 상태를 말한다.

식습관은 정신 건강에도 밀접하게 관련

아동의 식습관은 신체적 건강뿐 아니라 정신적 건강과도 밀접한 관련이 있는데 식습관이 좋을수록 지능 및 정서적 안정과 활동성, 사회성, 책임감이 우수하다. 또한 올바른 식습관과 균형 잡힌 영양은 신체 발달에도 커다란 영향을 미친다.

지방과 당분이 많은 가공식품을 섭취하는 아동은 지능이 저하될 수 있으며 반면에 비타민을 비롯한 영양소가 풍부한 건강한 음식을 먹는 아동은 지능이 좋아진다는 연구 결과가 수두룩하다. 그중 최근 발표된 내용에 따르면 이러한 변화는 뇌의 발육이 가장 왕성한 출생 후 3년 동안 두드러진다고 한다.

첨가물과 방부제, 설탕, 소금, 기름이 많은 인스턴트 음식을 먹고 자라는 아이들은 주의력이 떨어지고, 산만하며, 즉흥적이고 성급하기 쉽다. ADHD(집중력결핍과 과잉행동장애) 진단을 받는 어린이가 증가하는 것이나 청소년 비행이 음식과 깊은 관계가 있다는 것은 널리 알려진 사실이다. 이와 관련된 연구 결과도 속속 발표되고 있다.

과잉행동장애아 연구기관인 미국의 파인골드협회(The Feingold Association of the United States)에 따르면, 아이들은 살리실산염, 인공감미료나 색소, 방부제 등에 예민하며, 행동이나 학습장애가 있는 어린이는 이런 성분을 섭취해서는 안 된다. 실제로 ADHD, 과근육긴장증 같은 행동장애를 진단받은 2~15세 전후의 아이들에게 살리실산염, 인공감미료, 색소, 방부제 등을 제거한 음식을 먹게 했더니 수개월 후 70~80%의 아이들에게서 호전 반응이 관찰되었다는 연구 결과들이 많이 보고되고 있다.

첨가물과 방부제가 아이의 인성을 망친다

음식과 정신건강의 상관관계를 연구하는 영양심리학의 많은 연구 결과들을 보면, 고당분, 고지방, 고염분 음식을 즐겨 먹는 현대인들의 식습관이 정서불안, 성급한 태도, 분노조절 장애, 폭력성을 만든다고 한다.

사람들은 스트레스를 받으면 이를 풀기 위해 달고 짜고 맵고 기름기 있는 자극적인 음식을 더 찾게 된다. 이러한 음식은 일시적으로 위로를 주는 컴포트 푸드(comfort food)지만 결국에는 몸과 마음을 상하게 한다. 우리 주변에 넘쳐나는 가공식품과 인스턴트식품은 결국 마음의 병을 부채질하는 독이라고 할 수 있다.

상진자(常眞子)의 〈양생문〉에는 "술을 많이 마시면 혈기가 문란해지며 기름기 없는 음식을 먹으면 정신이 안정된다."고 하였고 〈양성서〉에서는 "담박(淡薄)한 음식을 먹으면 정신이 상쾌해지고 기가 맑아진다."고 했는데, 최근의 연구결과와 다르지 않다.

맛있지요? 하지만 많이 먹으면 곤란해요. 행동이나 학습 장애가 생길 수 있답니다.

5 아이와 엄마에게 모두 좋은 해산물

옛날부터 서양에서는 생선을 두뇌 식품(brain food)이라 하였고, 중국에서도 '흘어가사두뇌총명(吃魚可使頭腦聰明)'이라 했다. 요즘 각광받고 있는 오메가-3 지방산의 효능을 옛사람들도 알고 있었던 것이다.

임신 중 생선과 해산물을 많이 섭취한 여성의 자녀는 그렇지 않은 여성의 자녀들보다 지능이 높다는 연구 결과도 있다. 2007년 8천여 명의 영국 여성들과 그 자녀들을 조사한 결과 임신 중 생선과 해산물을 매주 340g 이상 섭취한 여성의 자녀는, 그렇지 않은 여성의 자녀에 비해 유아기 때는 운동성과 사회성 발달이 빠르고, 7~8세 때는 행동 테스트 성적과 언어 지능지수가 현저히 높았다. 그 비결은 태아의 뇌 발달에 중요한 생선의 오메가-3 지방산에 있다.

뇌 발달과 피부에 좋은 오메가-3 지방산

머리만 좋아지는 게 아니다. 임신 중 생선을 1주일에 한 차례 이상 먹은 여성이 출산한 아이는 생선을 전혀 먹지 않은 여성의 자녀에 비해 알레르기 질환인 피부 습진이 나타날 가능성이 43%나 낮다는 연구 결과가 있을 정도로 태열이나 아토피와도 관련이 깊다(2009년 네덜란드 위트레흐트 대학 위험평가연구소).

어류는 육질의 색에 따라 붉은살 생선과 흰살 생선으로 구분한다. 참치, 방어, 고등어, 정어리 등 장거리를 이동하는 어류는 살이 붉고 도미, 넙치, 가자미, 조기, 대구, 명태 등 좁은 수역에서 서식하는 어류는 살이 하얗다.

한의학적으로 따지면 활동성이 뛰어난 붉은살 생선은 양에 속하고 흰살 생선은 음에 속한다. 피부에 생기는 모든 트러블은 열이고 양이니, 양에 속하는 생선보다는 음에 속하는 생선이 잘 맞는다.

'살아 있으면서도 부패한다.'는 고등어를 비롯한 붉은살 생선에는 알레르기 반응과 관계가 깊은 히스타민의 전구체 히스티딘이 많이 함유되어 있어, 일반적으로 피부질환이 있는 사람에게는 잘 맞지 않으니 피하는 것이 좋겠다.

가자미, 조기, 명태 같은 흰살 생선은 아이의 성장과 엄마의 골다공증 예방에 지대한 영향을 미치는 뼈 건강에 필수인 비타민D를 공급해준다. 게다가 비타민D는 여성의 자궁 건강과도 밀접한 관계가 있다.

2006년 스페인의 P. 비가뇨(Viganò P.) 박사는 자궁내막 세포에 비타민D 수용체가 있다는 것을 밝혀 월경주기와 비타민D의 관련성을 언급했다. 2005년 캐나다의 KC. 초이(Choi KC.) 박사 등은 세포내 칼슘수치를 조절하는 칼빈딘(Calbindin)-D9k가 비타민D의 영향을 받으며 자궁근육 활동을 조절한다는 사실을 밝혀냈다. 여성의 생리주기를 조절하는 호메오박스(Homeobox) 유전자가 에스트로겐 등의 호르몬과 함께 비타민D에 의해 조절된다는 사실도 최근 밝혀졌다. 비타민D 수용체가 부족한 생쥐에서 구루병뿐만 아니라 자궁의 발육 부전과 생식능력 저하가 나타난 실험 결과는 비타민D의 부족이 자궁내막 분화를 방해한다는 사실을 입증하고 있다.

2009년 보스턴대 의대의 마이클 홀릭 박사가 이끄는 연구팀이 보스턴에서 아기를 낳은 평균 25세의 여성 253명을 조사한 결과, 임신 중 비타민D가 부족한 여성은 정상인 여성에 비해 제왕절개로 출산할 가능성이 4배나 높았다. 비타민D는 자연분만 시 질의 수축 이완에 결정적인 역할을 하는 근육에 영향을 미치고 태아의 뼈도 튼튼하게 해준다. 펄벅이 쓴 〈대지〉를 보면 주인공 오란이 임신 마지막 달까지 밭일을 하다가 산통이 시작되고, 얼마 안 되어 혼자서 그리 힘들이지 않고 아기를 낳는 대목이 나오는데, 이 연구 결과의 실증인 것 같아 새삼스럽다.

생선은 뼈 건강의 필수인 비타민D의 보고

비타민D는 대부분 햇빛에 의해 우리의 피부에서 합성되는데 이 과정에서 간과 신장이 중요한 역할을 한다. 따라서 두 장기에 문제가 있는 사람들은 비타민D 합성 또한 원활치 않다.

비타민D가 이렇게 신장의 영향을 받고, 신장 및 생식기 기능에 영향을 미칠 수 있음을 밝힌 실험 결과들은, 신장과 생식기가 밀접한 관련이 있으며 자궁의 기능을 좌우한다고 보는 한의학의 이론과도 일치한다.

태양과 친하게 지내고 생선을 즐겨 먹은 우리의 할머니들은 아기가 너무나 잘 들어서서 고민이었는데, 요즘은 임신이 안 되어 고민하는 신혼부부가 15%를 넘는다고 하니, 과연 무엇이 문제일까?

보통 일주일에 2~3회 얼굴, 손, 팔뚝, 다리를 20분가량 햇볕에 노출시켜야 건강 유지에 충분한 비타민D를 얻을 수 있다. 다시 말하면, 모자 쓰지 않고 반팔 윗도리에 장갑 끼지 않고 반바지 차림으로 일주일에 두세 번, 20분 이상 밖에 나가서 햇볕을 쬐어야 한다. 하지만 여성들은 대부분 기미, 피부 노화 등 미용적인 면을 생각하여 햇볕을 쬐지 않으려고 한다.

골다공증을 예방하려면 파워워킹을 해야 한다며 선캡에 황사마스크를 쓰고 긴팔 옷에 장갑까지 끼고 팔을 힘차게 흔들며 걸어 다니지만 이렇게 햇볕을 차단해버리면 뼈 건강에 필요한 충분한 양의 비타민D를 얻을 수가 없다.

물론 비타민D를 식품으로 섭취하는 방법이 있다. 생선, 달걀, 고기의 간, 그리고 목이버섯, 표고버섯 등이 비타민D의 좋은 공급원이다. 햇볕을 충분히 쬘 수 없다면 이런 식품을 열심히 먹어야 한다. 하지만 젊은 엄마들은 햇빛과 마찬가지로 생선과도 별로 친하지 않은 듯해서 걱정스럽다. 젊은 여성들이 주 고객인 패밀리 레스토랑에 생선메뉴가 거의 없는 것만 봐도 그렇다. 비타민D가 같이 들어 있는 칼슘제만 열심히 먹으면 과연 아무 문제가 없는 것일까?

한의학 원전 중 하나인 〈황제내경〉에서는 "건강을 위해서 햇빛을 싫어하지 말고 성을 내는 일이 없게 하여 꽃이 피어나는 것처럼 사람의 양기가 밖의 기운과 잘 통하게 해야 한다(……無厭於日 使志無怒 使華英成秀 使氣得泄 若所愛在外)."고 했다.

현대 우리나라 여성들에게 햇볕은 두려운 존재인 것 같다. 하지만 아이의 성장과 피부를 비롯해 뼈 건강과 자궁 건강, 나아가 건강한 임신과 출산을 위해 짧은 시간이라도 태양을 즐겨보라고 권하고 싶다. 생선과도 좀 친하게 지냈으면 좋겠다. 골다공증에 자궁 질환으로 피폐해진 몸에 피부만 희고 뽀야면 뭐하나.

제로 리스크(Zero Risk)는 없다!

간혹 수은 문제로 생선 먹기를 꺼리는 사람들이 있는데, 생선을 많이 먹어 얻어지는 건강상의 이로움이 수은 노출 위험에 비교할 수 없을 정도로 크다. 수은이 문제되는 어류는 상어, 황새치, 참다랑어 등 먼 바다에서 사는 초대형 어종들이다. 우리나라 연근해에서 나는 멸치, 병어, 조개류, 게, 가자미, 대구, 명태 등은 전혀 상관이 없다. 게다가 임신 중이거나 임신 예정인 여성을 제외하고는 1년에 몇 번 참치회를 먹고, 일부 지방의 제사상에 올라가는 상어고기 몇 점 먹는 것은 문제가 되지 않는다.

언론매체에서 생선에 포함된 수은만 보도하다 보니 매일 먹는 쌀이나 배추, 과일에는 수은을 비롯한 다른 중금속이 전혀 없는 줄 알지만 중금속은 땅, 바닷속 어디에나 존재한다.

국제식량농업기구(FAO), 세계보건기구(WHO)에서는 수은 섭취 허용량을 주당 $300\mu g$으로 정해놓았다.

2009년 식품의약품안전평가원에서 발표한 식품을 통한 중금속 섭취량 및 위해도 평가 (TDS)에 따르면 한국인의 주당 수은 섭취량(ug/person)은 백미 1.9195, 찹쌀 0.1153, 무청 0.1085, 배추김치 0.2550, 사과 0.1087, 갈치 1.4080, 고등어 2.3218, 낙지 0.1287, 광어 0.6248, 명태 0.9010, 바지락 0.1035, 멸치 0.3150, 오징어 1.2362, 장어 0.5797, 조기 0.4338, 김 0.0356, 다시마 0.0172, 미역 0.0763 등이다.

밥과 김치를 통해 섭취하는 양과 해산물을 통해 섭취하는 양에 별 차이가 없으며 기준치인 $300\mu g$에 훨씬 못 미치는 수준이므로 안심하고 먹어도 된다.

6 나물과 쌈을 많이 먹이자

서도지방 민요에 '나물타령'이 있다.

"한푼두푼 돈나물 / 매끈매끈 기름나물 / 어영꾸부렁 활나물 / 동동말아 고비나물 / 줄까말까 달래나물 / 칭칭감아 감돌레 / 집어뜯어 꽃다지 / 쑥쑥뽑아 나생이 / 사흘굶어 말랭이 / 안주나보게 도라지 / 시집살이 씀바귀 / 입맞추어 쪽나물 / 잔치집에 취나물……."

옛날 여성들은 아홉 살까지는 33가지 들나물 산나물 이름을 외워야 했고, 99가지 나물을 구분할 줄 알아야 며느릿감으로 인정을 받았다는 이야기도 있다.

조선시대 〈농가월령가〉 중 2월령은 "산채(山菜)는 일렀으니 / 들나물 캐여먹세 / 고들바기 씀바귀요 / 소로장이 물쑥이라 / 달래김치 냉잇국은 / 비위를 깨치나니 / 본초(本草)를 상고하야 / 약재(藥材)를 캐오리라 / 창백출 당귀천궁 / 시호방풍 산약택사 / 낱낱이 기록하야 / 때미처 캐여두소 / 촌가(村家)에 기구업서 / 값진약 쓰올소냐."라고 하여 음력 2월이면 봄나물을 캐고 약재도 미리미리 준비한다는 구절이 있을 정도로 나물은 우리 음식에서 중요한 자리를 차지했다.

우유 없이도 충분한 칼슘을 얻을 수 있다

실학자 이익은 〈성호사설〉 제5권 '만물문'에서 "원나라 사람 양윤부의 시에, 고려 식품 중에 맛 좋은 생채를 다시 이야기하니 '향기로운 새박나물과 줄나물을 모두 수입해 들여온다.'하고 스스로 주하기를, '고려 사람은 생나물로 밥을 쌈 싸 먹는다.' 하였다. 우리나라 풍속은 지금까지도 그러해서 소채 중에 잎이 큰 것은 모두 쌈을 싸서 먹는데, 상추쌈을 제일로 여기고 집집마다 심으니, 이는 쌈을 싸 먹기 위한 까닭이다."라고 적었다.

쌈은 다른 나라에서는 찾아보기 힘든 한국 음식의 중요한 아이콘이다. 예전부터 농부의 밥상은 물론이고 궁궐 대왕대비의 수라상에도 올랐으니 쌈은 신분의 귀천을 가리지 않았다. 상추를 비롯해 호박잎, 배추, 깻잎과 곰취는 물론이고 쑥갓, 콩잎으로도 쌈을 싸 먹으며 김과 미역, 다시마 같은 해조류도 쌈으로 먹을 정도로 쌈을 좋아했다.

"한국의 치마저고리는 입는 옷이 아니라 싸는 옷이다."라는 문화 인류학자 마거릿 미드의 말처럼 모든 것을 싸야 안정이 되는 심성이 음식문화에 반영된 것이 쌈이라는 견해도 있는데, 매우 흥미로운 해석이다.

나물과 해조류에는 칼슘도 풍부하게 들어 있다. 우리 몸에서 중요한 역할을 하는 칼슘은 뼈째 먹는 생선과 채소, 해조류를 통해 섭취하는 것이 가장 좋다.

진료실에서 대화를 해보면 많은 엄마들이 칼슘이 많이 들어 있는 식품은 우유(105㎎/100g)와 멸치(잔멸치 902㎎/100g) 밖에 없는 줄 안다.

우유에는 칼슘이 많지만 몸속에 있는 칼슘을 더 많이 빼내고, 아토피 피부염을 악화시키는 작용을 하기 때문에 섭취를 제한하라고 하면 엄마들은 어김없이 아이의 키가 안 클까 걱정한다. 하지만 그런 걱정은 하지 않아도 된다. 오천년 역사에서 우유를 양껏 마시게 된 것은 30년 정도밖에 되지 않는다.

우유 한 방울 마시지 않고도 우리 민족은 수천 년간 양질의 칼슘을 잘 섭취해 왔다. 바로 나물과 해조류를 통해서다. 말린 것을 기준으로, 고구마 줄기에는 무려 1천355㎎, 머위 1천104㎎, 토란대 1천50㎎, 무시래기 335㎎, 깻잎나물 325㎎, 무말랭이 310㎎, 곰취 241㎎, 도라지 232㎎, 취나물 231㎎, 쑥 230㎎, 호박고지 215㎎, 돌나물 212㎎, 그리고 고춧잎에는 211㎎이나 칼슘이 들어 있다. 해조류도 막상막하다. 무려 1천250㎎의 칼슘을 품고 있는 톳을 비롯해 미역 1천162㎎, 파래 1천15㎎, 곰피 921㎎, 다시마 759㎎, 매생이 574㎎, 김 510㎎ 등이다. 미네랄, 비타민 등등 우유에 들어 있지 않은 다른 영양소도 풍부하다.

잘 씹어 먹는 음식이 똑똑한 아이를 만든다

나물을 많이 먹어야 하는 또 다른 중요한 이유가 있다. 나물을 먹는다는 것은 턱을 부지런히 움직여서 씹는 운동을 많이 한다는 의미다. 턱관절을 많이 움직이면 머리가 좋아진다. 우유, 과일 주스, 부드러운 스펀지케이크 같은 씹을 필요가 없는 음식보다, 현미밥에 나물에 콩조림에 멸치볶음을 먹여야 아이들 성적이 올라간다.

나물과 해조류에는 칼슘만 많은 것이 아니라 식이섬유도 풍부하다. 식이섬유는 소화관을 통과하면서 수분을 흡수하고 배변을 쉽게 해줄 뿐만 아니라, 콜레스테롤 수치를 떨어뜨리고 혈당을 조절해 준다.

섬유질 섭취가 지나치면 칼슘의 흡수를 방해한다는 연구 결과가 2009년 3월에 UT 사우스웨스턴 메디컬센터의 연구진들에 의해 발표되었다. 식이섬유가 몸에 좋다는 데는 이의가 없지만 뼈를 약하게 해서는 곤란하다. 그래서 식이섬유와 칼슘이 모두 풍부한 식품을 먹으라고 권하고

있는데, 그런 식품이 바로 우리 조상이 매일 즐겨먹던, 너무 자주 먹어서 좀 지겹기도 한 각종 나물과 해조류이다.

우리 조상들은 식이섬유와 칼슘 흡수의 상관관계를 이미 알고 있었던 것이다. 단지 〈네이처〉나 〈사이언스〉에 발표를 하지 않았을 뿐이다.

우유를 많이 먹으면 아이들의 뼈가 튼튼해지고 어른들은 골다공증을 예방할 수 있다고 들어왔는데 정작 우유 소비량이 가장 많은 국가인 미국이 전 세계에서 골다공증 환자가 제일 많은 것은 어찌 된 일일까? 노르웨이, 덴마크, 스웨덴과 같이 우유 소비량이 많은 북유럽 국가들도 골다공증 비율이 높다.

반면에 우유나 유제품의 섭취가 드문 아시아나 아프리카에서는 골다공증 환자를 찾아보기 힘들다. 아시아 및 아프리카인들이 미국에 가서 그곳 사람들과 똑같은 식생활을 하면 골다공증에 걸릴 확률이 늘어난다는 사실은 무엇을 말해주는 것일까?

우유를 자주 마시는 여성이나 청소년이 거의 마시지 않는 사람보다 골밀도가 낮다는 연구결과도 나와 있다. 이에 대해서는 J. 로빈스의 〈음식혁명〉이나 F. 오스키의 〈오래 살고 싶으면 우유 절대로 마시지 마라〉 같은 책들을 참고하기 바란다.

녹황색채소를 샐러드로 먹는 것보다 살짝 데치거나 볶아서 나물로 먹으면 더 많은 양을 먹게 되어 자연히 칼슘의 섭취도 늘어난다.

세상에서 제일 허무한 것 중 하나가 나물 요리 아닐까 한다. 장바구니가 가득 찰 정도로 많은 양을 사서 뜨거운 물에 데치면 한 주먹밖에 안 된다. 정말 허탈하다. 하지만 이렇듯 부피를 획기적으로 줄여주니 생으로 먹을 때와는 비교할 수 없을 정도로 많은 양을 먹을 수 있다. 그 덕분에 하루에 필요한 각종 비타민, 미네랄, 섬유질 등의 영양소를 거뜬히 섭취할 수 있는 것이다. 서양 사람들이 먹는 샐러드로는 하루에 필요한 채소 섭취량을 채우기가 쉽지 않다.

데치거나 볶으면 더 많이 먹을 수 있다

어떤 이는 채소에 칼슘이 많긴 하지만 흡수율이 떨어지므로 효율적이지 못하다는 주장을 하기도 한다. 맞는 이야기다. 하지만 이것은 채소를 생으로 먹을 때 이야기다.

떫은맛을 내는 타닌은 칼슘이나 철분과 함께 착화합물을 만들고, 아린 맛을 내는 옥살산은 칼슘과 반응하여 옥살산칼슘을 형성, 칼슘의 체내 흡수를 방해한다. 하지만 우리나라 사람들은 채소를 끓는 물에 데치거나 쌀뜨물에 담가 안 좋은 물질을 제거한 다음에 조리하므로 이런 걱정을 할 필요가 없다. 쌈으로 먹을 경우에도 칼슘 흡수에 필수적인 비타민D가 듬뿍 들어 있는 멸치강된장 같은 쌈장을 얹어 먹으니 이 또한 문제가 없다고 하겠다.

우리 몸에 필요한 영양소가 골고루 들어 있는 자연식품을 멀리하면서 영양 보충제는 열심히 복용하는 것은 '냉장고만 선택하느냐'와 '냉장고를 비롯한 각종 가전제품이 빌트인되어 있고 정원과 수영장이 딸린 2층짜리 전원주택을 통째로 선택하느냐'의 차이라고 할 수 있겠다.

현대의 분석화학 기술은 아직 자연이 만들어낸 창조물의 극히 일부분만을 알아냈을 뿐이다. 모래사장에서 집어든 조개껍데기 하나에 이름을 붙이고 그 쓰임새를 알아낸 정도인 것이다. 지금까지 알려진 비타민이나 미네랄 등의 영양소 외에 아직 알려지지 않은 생리활성 물질은 어마어마하게 많다. 음식 통째로 먹자는 홀푸드(Whole Food) 운동을 똑똑한 서양 사람들이 괜히 열심히 하는 게 아니다.

우리 조상들은 이런 이치도 이미 알고 있었던 것이다.

7 물을 많이 마시지 말라

  2007년 12월 22일 'Medical myths'(근거 없는 의학상식들)라는 제목의 논문이 〈영국의학저널〉에 실렸다. 필자였던 미국 인디애나대학 아동보건연구소의 R. 베르멘과 A. 캐럴 교수는 "하루 8잔 이상의 물을 마셔야 한다."는 의학상식은 근거가 없거나 잘못되었다고 주장했다.
  캐럴 교수의 주장은 이렇다.
  "1945년에 대중매체에 나온 한 권고사항에 보면 '성인에게 적절한 수분 섭취량은 하루 2.5L 정도이다(성인 하루 섭취 칼로리는 2천500cal) 사람들이 먹는 1칼로리에 해당하는 음식에는 1cc 정도의 물이 포함되어 있다. 2.5L의 대부분은 매일 먹는 음식에 이미 포함되어 있다.'라고 되어 있다. 하지만 마지막 문장이 어떠한 이유에선지(물이나 생수를 많이 마시게 해서 이익을 보는 집단에 의한 음모라고 해석하는 사람들이 많아지고 있다.) 쏙 빠져버리고 '성인은 하루에 2.5L(8잔)의 수분을 섭취한다.'는 말이 '성인은 하루에 2.5L의 수분을 (추가로) 섭취해야 한다.'로 탈바꿈했다."
  이에 대해 대한의학회의 한 회원은 상당 부분 오류가 있다며 아래와 같은 내용의 의견을 냈다.
  "몸에서 빠져나간 만큼 섭취하는 것이 원칙이기 때문에 캐럴 교수의 계산은 틀렸다. 영양학 전문서적인 〈크라우즈〉 11판에 따르면 정상 기후에서 일상적인 활동을 할 때 하루에 성인의 몸에서 약 2.3L의 수분이 빠져나간다. 그런데 하루 동안 섭취하는 음식에 0.7L의 수분이 있고, 음식이 산화되면서 0.2L의 수분이 생기므로 나머지 1.4L는 물이나 음료수를 마셔 보충해야 한다."

어떤 동물도 목표치를 정하고 물을 마시지는 않는다

  얼핏 아주 정확하고 논리정연하게 보이는데, 좀 의아한 부분이 있다. 내용 중에 '성인 한 사람이 하루에 섭취하는 음식에 0.7L의 수분이 있다.'는 부분이다.
  '서양 음식 하루 세 끼에 수분이 0.7L 포함되어 있다.'고 하면 그럴 만하다고 하겠다. 그네들은 국물이나 찌개요리가 없으니까 말이다. 하지만 우리나라 직장인들이 점심으로 즐겨 먹는 설렁탕이나 순댓국 한 그릇에는 국물이 최소 500cc는 들어 있는데다가 밥 먹기 전후에 보통 냉수

100cc 이상을 마시며, 마지막으로 밥과 김치, 깍두기에 들어 있는 수분까지 합하면 식사 한 끼에 포함된 수분만 해도 0.7L를 가뿐히 넘긴다.

임진왜란 때 전투 중에 밥하고 찌개나 국 끓이느라 기동력이 떨어져서 주먹밥을 먹는 일본군에 패했다는 말이 있을 정도로 우리나라 음식은 물이 많다. 한식의 세계화가 어렵다고 하는 이유 중 제일 먼저 나오는 문제가 바로 넘쳐나는 물이다. 비빔밥이 외국에 제일 많이 소개되는 이유도 물이 제일 적게 들어 있어서다.

밥도 마찬가지다. 동남아시아에서는 장립종 쌀(안남미)로 밥을 지으면서 물을 붓고 끓이다가 중간에 물을 따라내 푸석푸석하게 만든다. 이런 밥을 제수반(除水飯)이라고 하고, 우리나라와 일본처럼 촉촉하게 지어 먹는 밥을 함수반(含水飯)이라 한다. 그렇게 물이 많이 포함된 밥을 우리는 또 국이나 물에 말아 먹는다. 일본에도 '오차즈케'라고 하여 녹차에 밥 말아먹는 음식이 하나 있긴 하나 우리나라의 말아먹기 문화에 비할 것이 못된다.

이리 보고 저리 생각해도 서양음식에 들어 있는 수분과 우리나라 음식에 들어 있는 수분의 양을 동일시한다는 것은 말이 안 된다.

하루 세 끼 정상적인 식사만으로도 충분한 양의 수분을 섭취하고, 몸에서 원하지 않는데도 숙제하듯이, 할당량 채우듯이 추가로 2.5L나 되는 물을 마시면 우리 몸은 수분과다 상태가 된다. 한의학에서는 이것을 수독(水毒)이라 하고, 서양의학에서는 물중독증(Water Intoxication)이라고 한다.

물중독증은 마라톤이나 장거리 사이클링과 같이 땀을 매우 많이 흘리는 운동을 즐기는 사람들에게서도 종종 나타나는데 이는 건강에 치명적일 수 있다. 땀을 많이 흘리면 체액의 전해질 농도가 낮아지고, 묽어진 체액과 정상인 세포 사이에 농도차가 발생하면 삼투압으로 인해 세포로 수분이 유입되고, 수분을 지나치게 흡수한 세포가 부푼다. 그 결과 뇌세포 역시 부풀어 뇌부종을 일으키고, 뇌압 상승으로 두통과 혼수상태, 호흡곤란까지 발생해서 생명을 위협하기도 한다.

또한 과다한 수분이 몸에 들어오면 물의 차가운 성질로 인해 체온이 떨어진다. 이는 면역체계에 문제를 일으키고 냉증을 유발해 순환장애를 초래하기도 한다.

결론을 말하면, 물은 몸이 원할 때 마시면 된다. 단 미지근하게 마시는 것이 좋다. 지구상의 어떤 동물도 하루의 목표치를 정해 놓고 물을 마시지는 않는다.

8 가능한 한 찌거나 삶아서 조리하라

음식 조리법은 무척 다양하다. 조기를 예로 들면 쪄서 고명 없이 먹기도 하고, 칼칼한 양념장을 끼얹어 조려서 먹기도 한다. 꾸덕꾸덕 말린 굴비를 숯불에 굽기도 하고, 매운탕에 넣어 끓이기도 한다. 가장 흔한 방법은 프라이팬에 기름 두르고 지져 먹는 것이다.

그렇다면 어떻게 조리하는 것이 우리 아이에게 가장 좋을까?

정답은 '찌거나 삶는 것'이다. '찌기'는 대표적인 웰빙 조리법이다. 원재료의 비타민과 무기질을 보존해주고 기름 등 바람직하지 않은 부재료를 사용할 필요가 없으며, 찌는 동안 식품에 들어 있는 기름기도 제거되므로 일석이조 효과를 거둘 수 있다.

찌기는 원재료가 지닌 고유의 향과 맛을 최대한 살려주므로 아이들의 미각과 후각을 자극하여 지능 발달에 많은 도움을 준다.

'찌기'는 원재료의 향과 맛을 살려준다

육류는 삶아서 먹는 것이 제일 좋다. 돼지고기는 된장, 양파, 생강 등의 향신료를 넣고 푹 삶아서 채소를 곁들여 수육이나 보쌈으로 먹으면 좋고, 닭고기는 끓는 물에 한 번 데쳐서 껍질과 기름 덩어리를 제거한 다음 백숙으로 먹는 것이 좋다.

하지만 아이들이 가장 좋아하는 조리법은 역시 '튀기기'다. 튀기기는 뜨거운 기름에 익혀내는 요리법이다. 고온의 기름에 튀기면 영양소가 파괴되고 음식에 기름이 흡수되어 많은 양의 지방을 섭취하게 된다. 또 기름이 타면서 발생하는 독소와 활성산소는 몸에 매우 해롭다.

생선은 보통 식용유를 두르고 지져서 먹는다. 하지만 이것은 좋지 않은 방법이다. 기름이 생선에 배어드는 반면에 필수지방산인 DHA를 비롯한 몸에 좋은 불포화지방산들이 빠져나와 영양소가 뒤바뀌기 때문이다.

튀기기와 비슷한 효과를 내지만 좀 더 건강한 조리법으로는 '볶기'가 있다.

볶기는 잘게 다진 재료를 기름에 재빨리 익히는 것이기 때문에 열에 의한 영양소 파괴가 적고 기름도 적게 든다. 특히 브로콜리, 당근 등 비타민이 풍부한 채소들을 볶으면 원재료의 질감과 색, 영양소까지 그대로 유지해 주므로 미국영양학회에서도 '볶기'는 굽기, 전자렌지 이용 등의 다른 조리법에 비하여 비타민B6, 철분, 아연, 마그네슘의 손실을 줄여준다고 발표한 바 있다.

어떠한 재료든 가능하면 낮은 온도에서 조리하는 것이 좋다. 고온으로 조리해야 하는 경우에는 중간불 이하로 하고, 조리 중 자주 뒤집어주어야 한다.

고기나 생선이 장시간 고온에 노출되면 HCA(heterocyclic amine)라는 발암물질이 생성된다. 삼겹살 등 기름기가 많은 고기나 생선을 불에 구울 때 기름이 떨어지면서 불길과 검은 연기가 올라오는 경우가 있는데, 이때 PAH(polycyclic aromatic hydrocarbons)라는 물질이 만들어진다. 이것 역시 암을 유발하는 성분이다.

다행히도 마늘을 비롯해 여러 가지 재료를 넣은 양념에 고기를 재워둔 뒤 굽는 경우에는 HCA가 아주 많이 줄어든다고 하는 연구결과가 있다.

우리는 예로부터 생고기를 그냥 굽지 않고 양념장에 재운 후 굽는 '불고기'를 즐겨 먹었다. 고기를 구울 때에도 강한 무화(武火)가 아닌 약한 문화(文火)로 서서히 굽는 방식을 주로 썼다. 다른 음식을 조리할 때에도 중국·일본처럼 기름을 이용해 고온에서 튀기는 방법보다 삶거나 찌거나 끓이는 방법을 주로 사용해 왔다. 모든 것이 우리 조상님들의 혜안이다.

한의학박사와 요리전문가가 함께 만든 건강 레시피
아토피를 낫게 하는 맛있는 제철요리

봄

콩칼국수면 만들기

(2~3인분) 우리밀 밀가루 2컵, 생콩가루 1컵, 물 3/4컵, 흑임자기름 1큰술, 자염 약간

1 믹싱볼에 밀가루, 콩가루, 물, 기름, 자염을 넣고 고루 섞어 반죽한다.   2 비닐팩에 담고 30분간 숙성시킨다.   3 바닥에 밀가루 혹은 콩가루를 뿌리고 반죽을 놓아 밀대로 두께 2~3mm 되게 민다.   4 다 밀면 콩가루를 뿌리며 접어 4~5mm 간격으로 썬 후 콩가루를 뿌려 버무리듯 훌훌 털어 펴놓는다.

알아두면 좋아요

- 콩가루는 볶은 콩가루가 아닌 생콩가루를 사용하여야 반죽이 찰지고 부서지지 않는다.
- 만든 국수는 바로 삶아 먹도록 하고 남으면 콩가루를 골고루 묻혀 냉동 보관한다.

토마토 콩국수 볶음 (2인분)

항암효과가 뛰어난 토마토, 경상도 별미이자 고소한 맛이 일품인 콩국수의 조합. 건강과 맛 모두를 잡는 특별식이에요.

들어가는 재료

콩(생)면 340g, 채 썬 쇠고기 100g, 시금치 100g, 토마토 1개, 식용유, 다진 마늘 1작은술, 자염 약간

고기 밑간   간장, 흑임자기름, 조청, 맛술 1/3작은술씩

볶음면 양념   간장 2큰술, 굴소스 1큰술, 흑임자기름 1작은술, 물 1/4컵

> 바닷물을 모아두어 농도를 높인 후 끓여서 만들어낸 소금. 시중에서 구할 수 있다.

만드는 법

1. 토마토는 십자 모양으로 칼집을 내서 물에 데친 후 껍질을 벗겨 채 썬다.
2. 채 썬 쇠고기는 간장, 조청, 흑임자기름, 맛술을 조금씩 넣어 살짝 재운다.
3. 끓는 물에 자염을 넣고 콩(생)면을 넣어 5분간 삶은 후 건져 찬물에 헹궈 둔다.
4. 볼에 간장, 흑임자기름, 굴소스, 물을 섞어둔다.
5. 팬에 식용유를 두르고 다진 마늘을 볶다가 쇠고기를 넣어 볶는다.
6. 5에 4의 양념, 토마토, 시금치, 면을 넣고 볶은 후 접시에 담아낸다.

살짝 볶는 것이 포인트!

- 고기를 해산물로 대체해도 좋다.
- 쇠고기의 기름기를 제거하고 살코기 위주로 사용한다.
- 아이들에게 먹일 때는 시금치를 4cm 길이로 썰어 준비한다.
- 콩(생)면을 시중에서 구입하지 못했다면 우리밀과 생콩가루를 이용하여 칼국수면을 만들어 쓴다.

콩고기 햄버그스테이크 (2인분)

콩으로 만들어 식물성 단백질이 풍부하면서 고기의 쫄깃한 질감까지 즐길 수 있는 콩고기 햄버그스테이크는 아이들이 특히 좋아하는 음식이에요. 연근에는 섬유질과 비타민도 듬뿍!

들어가는 재료

콩고기 간 것 300g, 다진 마늘 1큰술, 양파, 당근, 표고버섯 100g씩, 연근 50g, 녹말가루 100g, 달걀 흰자 1개분, 미나리, 취나물 20g씩, 흑임자기름, 자염, 백후춧가루, 올리브유 약간, 돌나물 30g

스테이크소스 우스터소스 3큰술, 사과 간 것 2큰술, 양파 간 것 1큰술, 케첩 1큰술, 조청 1큰술, 간장 1작은술

만드는 법

1 콩고기 간 것에 다진 마늘, 후추, 자염, 흑임자기름을 넣어 버무린다.
2 미나리, 취나물을 깨끗이 씻어 물기를 뺀 후 잘게 썬다.
3 양파, 표고, 당근, 연근을 잘게 다진다.
4 큰 볼에 1, 2, 3을 넣고 고루 섞는다.
5 4에 달걀과 녹말가루를 넣고 잘 버무린 후 손으로 납작하고 동그랗게 모양을 만든다.
6 팬에 올리브유를 두르고 5를 넣고 뚜껑을 덮은 뒤 약한 불에서 서서히 익힌다.
7 준비한 스테이크소스 재료를 섞어 팬에 넣고 졸인 뒤 익힌 패티를 넣어 살짝 익힌다.
8 접시에 스테이크와 돌나물을 담고 소스를 뿌린다.

*먹기 좋은 크기로 예쁘게 ^^*

- 시판 스테이크소스를 이용하기보다 토마토, 양파, 사과 등으로 소스를 만들어 곁들인다.
- 달걀에 알레르기 반응을 보인다면 달걀 대신 녹말가루의 양을 더 늘리도록 한다.
- 아이들과 함께 다양한 모양으로 패티를 만들면 놀이하듯 재미있는 시간을 보낼 수 있다.

콩 사람을 살리는 곡식

고구려 영토였던 만주지방과 한반도는 예로부터 콩의 주생산지이자 콩 문화가 가장 발달한 곳이다. 콩 재배에 알맞은 조건을 갖추고 있어 잡초투성이 논두렁에서도 쑥쑥 무성하게 잘 자란다. 2차 세계대전 종전 당시만 해도 전 세계 콩의 70%가 한반도와 만주에서 생산될 정도였다.

18세기 실학자 이익은 〈성호사설〉 중 '만물문'에서 "콩은 오곡의 하나인데 사람들이 귀하게 여기지 않는다. 그러나 곡식이라는 게 사람을 살리는 것이라면 콩의 힘이 가장 크다."라며 콩의 중요성을 강조했다.

옛사람들이 이미 알고 있었듯이, 콩은 한국인에게 아주 중요한 음식이다. 한국전쟁 때 된장과 두부·콩나물 없이는 전쟁을 할 수 없었다는 이야기가 있다. 우리 밥상의 절반 이상이 콩으로 만든 음식이라고 해도 지나치지 않을 정도다.

콩이 좋은 이유를 더 살펴보자. 〈동의보감〉에서는 "콩은 성질이 평(平)하고 맛이 달며 독이 없다. 5장을 보하고 중초(中焦, 횡격막 아래로부터 배꼽 이상의 부위)를 고르게 하며 12경맥을 좋게 하고 장위(腸胃)를 따뜻하게 한다."고 하였다. 콩은 또 해독작용이 뛰어나 해독의 명방인 '감두탕(甘豆湯)'에 감초와 함께 쓰인다.

콩 요리의 대표 격인 두부는 중국에서 건너와 우리나라에서 꽃을 피웠다. 단단한 막두부, 야들야들한 연두부, 콩즙 끓일 때 적당하게 태우는 탄두부, 굳히기 전에 먹는 순두부, 삼베로 굳히는 베두부, 명주로 굳히는 비단두부, 얼려 먹는 언두부, 기름에 튀기는 유부, 콩즙 끓일 때 생기는 노란 피막을 거두어 말리는 두부피, 찌꺼기인 비지, 솥에 두부와 미꾸라지를 담고 서서히 가열함으로써 미꾸라지를 두부 속에 들어가게 해서 먹는 추두부 등 두부의 종류는 헤아리기 어려울 정도로 많다.

두부는 소화가 아주 잘되는 고단백식품이면서 열량과 포화지방이 낮고 다른 곡류에 없는 필수아미노산이 골고루 들어있어 이들 곡류와 함께 먹으면 영양 면에서 높은 효율을 보인다. 칼슘도 풍부하게 들어있어 치아와 뼈를 건강하게 해주고, 철분, 인, 비타민B1, B2, 나이아신도 상당량 함유하고 있다.

콩을 길러 만든 콩나물은 특히 겨울철 귀중한 비타민 C와 엽산의 공급원이 된다. 러일전쟁에서 러시아 육군은 일본군과 제대로 겨뤄보지도 못하고 패했는데 그 원인 중 하나로 비타민C의 부족을 꼽는다. 겨울철 러시아군은 콩을 많이 가지고 있었음에도 불구하고 콩나물을 길러 먹을 줄 몰랐고, 그 결과 군 전체가 비타민C 섭취 부족으로 인한 괴혈병에 시달렸다.

바지락 도토리묵 수제비 (2인분)

아이에게 필요한 영양소가 풍부한 바지락과 쫄깃한 도토리묵으로 만든 수제비예요. 부드럽게 훌훌 넘어가는 도토리묵 수제비는 담백하면서 깔끔한 맛이 일품이지요.

들어가는 재료

건도토리묵 50g, 바지락 200g, 감자 1개, 양파 1/2개, 애호박 1/3개, 디포리(말린 밴댕이) 육수 4컵, 자염 또는 국간장 약간

> 바닷물을 모아두어 농도를 높인 후 끓여서 만들어낸 소금. 시중에서 구할 수 있다.

만드는 법

1. 묵은 따뜻한 물에 30분~1시간 불린다.
2. 바지락은 옅은 소금물에 담가 해감을 뺀 다음 깨끗이 씻는다.
3. 양파는 채 썰고, 감자와 애호박은 반달 모양으로 썬다.
4. 냄비에 바지락과 감자, 육수를 넣고 끓인다.
5. 바지락이 입을 벌리기 시작하면 불린 묵, 양파, 애호박을 넣고 계속 끓인다.
6. 양파가 투명해지면 자염 또는 국간장으로 간을 한 다음 한소끔 더 끓인다.

음~ 따뜻하다. ^^

- 바지락이 없다면 동죽, 모시조개 등으로 국물을 우리면 된다.
- 디포리(말린 밴댕이) 육수가 없을 때는 멸치 육수를 써도 된다.
- 건도토리묵 대신 일반 도토리묵을 쓰려면 4~5cm 길이로 썰고 채반에 넣어 1주일 정도 꾸덕꾸덕하게 말려 사용한다.

바지락 가족 모두에게 좋은 일석삼조 음식

바지락 바지락

고려가요인 '청산별곡'에는 '살어리 살어리랏다 / 바르래(바다에) 살어리랏다 / ᄂᆞ모자기(해초) 구조개(굴과 조개)랑 먹고 / 바르래 살어리랏다 / 얄리얄리 얄라셩 얄라리 얄라' 라는 구절이 나온다. 비단 고려시대뿐만 아니라 태곳적부터 굴과 조개류는 우리의 중요한 먹거리였다. 그 중에서도 둘째가라면 서러운 조개가 바지락이다.

발에 밟힐 때 '바지락, 바지락' 소리가 난다고 해서 이름이 바지락인 이 조개는 필수 아미노산이 풍부한 건강식이다. 봄이 초입에 드는 4월부터 산란기에 접어드는 6월까지, 특히 벚꽃이 흐드러지게 필 무렵이 가장 맛있다.

정약전은 〈자산어보〉에서 바지락을 포문합(布紋蛤)이라 하여 이렇게 설명하고 있다.

"큰 놈은 지름이 두 치 정도이고 껍질이 매우 엷으며 가로, 세로로 미세한 무늬가 있어 가느다란 세포(細布)와 비슷하다. 양 볼이 다른 것에 비해 높게 튀어나와 있을 뿐 아니라 살도 풍부하다. 빛은 희거나 혹은 청흑색이다. 맛이 좋다."

바지락은 타우린, 글라이신, 알라닌, 글루탐산 등이 많아서 시원하고 독특한 맛을 낸다. 또한 아연, 마그네슘, 철분, 나이아신, 비타민A, 비타민B1, B2, 비타민E 등도 풍부한데, 최근 연구결과에 의하면 난자가 잘 성숙하고 수정이 될 준비를 잘 마치기 위해서도 다량의 아연이 필요한 것으로 밝혀졌다.

바지락에는 기형 예방에 중요한 역할을 하는 엽산이 100g 당 102μg이나 들어 있어서 임신을 준비하는 여성들에게도 매우 좋다. 빈혈을 예방하는 철분도 가식부 100g 당 13.3mg으로 소간보다 훨씬 더 많이 들어 있으며 이 철분을 잘 흡수할 수 있도록 도와주는 비타민 B12도 100g당 15~25mg이나 들어 있으니, 빈혈이란 놈은 이 양수겸장 앞에 꼼짝 못하는 신세가 될 것이다. 또한 뼈에 필요한 칼슘 등 미네랄 함량이 높아서 아이의 성장을 촉진하고 엄마의 골다공증을 예방할 수 있다. 잦은 음주에 지친 아빠의 간에도 아주 좋으니 가족 모두에게 필요한 일석이삼조의 음식이라고 할 수 있다.

우엉처럼 떫은맛이 나는 식품은 바지락에 많이 포함된 철분의 흡수율을 떨어뜨리기 때문에 같이 먹지 않는 것이 좋다.

톳 팬케이크 (10개, 2~3인분)

아이들이 좋아하는 팬케이크를 잡곡과 톳으로 만들어 보아요. 톳은 과잉의 지방과 칼로리를 품어 제거하는 역할을 하며 톳의 식이섬유는 피부에 특히 좋습니다.

들어가는 재료
잡곡밥 300g, 목이버섯 10g, 취나물 10g, 피자치즈 50g, 조미김 10g, 밥새우 1작은술, 톳 20g, 통깨, 자염 1작은술씩, 진간장 1/2작은술, 포도씨유 적당량

만드는 법
1. 취나물은 끓는 소금물에 충분히 삶아 쓴맛을 제거한 뒤 찬물에 여러 번 헹구어 잘게 다진다.
2. 목이버섯은 물에 불린 후 곱게 다져둔다.
3. 톳은 끓는 소금물에 살짝 데쳐낸 후 다진다.
4. 볼에 잡곡밥, 취나물, 톳, 목이버섯, 조미김, 피자치즈, 밥새우, 통깨, 자염, 진간장을 넣어 여러 번 치댄다.
5. 4를 손으로 둥글게 한 후 납작하게 만든다.
6. 달군 팬에 기름을 두르고 5를 앞뒤로 노릇하게 굽는다.

- 톳은 제철 톳을 쓰는 것이 가장 좋으나 건톳을 불려 사용해도 되는데, 이때 식초를 약간 첨가한 물에 불리면 비린 맛이 사라지고 쫄깃해진다.
- 취나물을 충분히 삶지 않으면 색이 변하므로 충분히 삶은 후 헹궈내도록 한다.
- 피자치즈는 알레르기 반응이 없는 경우에만 사용하고, 있다면 피자치즈 대신 녹말가루를 1작은술 넣어 조리한다.

목이버섯 리조또 (2~3인분)

쌀에도 향기가 있다? 리조또는 쌀 특유의 향을 풍부하게 즐길 수 있는 요리예요. 여기에 '비타민 D의 왕' 목이버섯, 담백한 두유로도 맛있는 리조또를 만들 수 있어요.

들어가는 재료
밥 2공기, 채 썬 쇠고기 100g, 감자 작은 것 1개, 양파 1/2개, 불린 목이버섯 60g, 고구마줄기 50g, 두유 200mL, 샐러드 채소(베이비 채소), 카놀라유, 자염 약간

간장양념 간장 2큰술, 조청 1큰술, 다진 마늘, 다진파 1작은술씩, 흑임자기름, 카놀라유 약간씩

만드는 법
1 불린 목이버섯은 깨끗이 씻어 손으로 뜯어 준비한다.
2 고구마줄기는 껍질을 벗기고 끓는 소금물에 약 10분간 삶아 2cm 길이로 썬다.
3 채 썬 쇠고기와 목이버섯은 간장양념에 버무린 뒤 볶는다.
4 감자와 양파는 채 썰어 팬에 함께 넣고 자염을 약간 넣어 볶는다.
5 4에 밥을 넣고 볶다가, 볶은 쇠고기, 목이버섯, 고구마줄기를 넣고 조금 더 볶는다.
6 5에 두유를 넣고 중간불에서 걸쭉해질 때까지 졸인다.
7 자염을 살짝 더 넣어 간을 한다.

- 목이버섯은 적은 양으로도 많이 불어나므로 적정량을 사용한다.
- 두유는 일반 두유나 검은콩 두유를 쓴다.
- 치즈에 알레르기 반응이 없다면 피자치즈를 뿌려 오븐에 구워 그라탕으로 먹어도 된다.
- 채소는 다른 제철 채소로 대체할 수 있다.

톳   과잉 지방과 칼로리의 천적

겨울에서 봄으로 이어지는 시기에 나오는 해조류로 톳이 있다. 작은 지렁이들이 옹기종기 모여 있는 것처럼 생겼다. 씹을 때 특유의 향과 함께 포자의 공기층이 같이 터지며 묘한 질감을 내는 매력적인 음식이다.

톳은 일본에서 특히 인기가 높다. 일본 미에현에서는 톳이 영양가가 풍부하므로 많이 먹으면 장수한다는 취지에서 1986년부터 9월 15일을 톳의 날로 지정하고 매년 9월 중순에 톳축제를 개최하고 있다.

톳은 우리나라 제주도나 서남해안 일대에서 잘 자란다. 예전 보릿고개 시절 제주도에서는 톳으로 식량을 대신하기도 했다. 톳을 이용한 요리 중 톳밥이 있는 것으로 보아 그 어려웠던 시절을 상상해볼 수 있다.

톳은 골다공증이나 빈혈 개선에 많은 도움을 준다. 톳에 들어 있는 칼슘은 100g당 105mg 정도밖에 들어 있지 않은 우유에 비해 약 12배, 다시마의 2배나 되는 1천250mg이다. 전체 해조류 중 1위이며, 무려 1천355mg을 품고 있는 채소계의 칼슘제왕인 고구마줄기와 어깨를 나란히 할 정도다. 철분 또한 100g 당 76.2mg으로 풍부해서 100g 당 8mg 정도 들어 있는 소간보다 월등히 많다. 게다가 칼슘의 흡수를 도와주는 비타민D도 함유하고 있어서 다른 식품에 비해 흡수율이 뛰어나다. 소간에 들어 있는 철은 햄철의 형태라 흡수율이 매우 좋다고는 하나, 어쨌든 경이적인 수준임에는 틀림없다.

아토피 피부염을 앓고 있는 아이의 성장과 빈혈이 걱정된다면 우유를 끊고 톳을 먹여보자. 본인의 골다공증이 염려된다면 아이와 함께 톳을 먹도록 한다. 톳은 우유처럼 한쪽에선 칼슘을 넣어주고 한쪽에선 넣은 것보다 더 많은 양을 빼내는 '이중플레이'를 하지 않는다.

입에 들어갔을 때 달고 부드러운 것보다는, 먹고 난 후 속이 편안하고 든든하며 다음날 쾌변을 보게 해주는 음식이 좋은 음식이다.

그런 기준으로 볼 때 톳은 당연히 '제일' 좋은 음식이다. 톳에 들어있는 풍부한 식이섬유는 피부를 아름답고 깨끗하게 하며 변비를 예방하고 치료하는 강력한 효과를 낸다. 그래서 필자는 진료실에서 변비를 호소하는 환자들에게 일단 톳을 드시라고 권한다. 톳을 하루 한 끼 정도만 반찬으로 먹어도 화장실에서 나올 때 안색이 달라진다.

톳은 과다한 열을 내고 독으로 작용하는 과잉의 지방과 칼로리를 품어 밖으로 제거하는, 장내의 음식물쓰레기처리기 같은 역할을 하므로 변비는 물론 아토피에 시달리는 환자에게 매우 좋다. 혈중의 과다한 지질을 낮춰주고 동맥경화증이나 대장암을 예방해 주는 역할은 덤이다.

목이버섯　비타민 D의 왕

목이버섯은 칼슘을 장에서 잘 흡수할 수 있도록 도와주는 음식으로 톳이나 고구마줄기와 궁합이 잘 맞는다. 비타민D가 풍부하다고 알려진 말린 표고버섯의 비타민D 함유량은 100g당 17㎍ 정도인데, 목이버섯은 무려 100g당 440㎍이나 되어 '비타민D의 왕'이라고 불린다.

〈동의보감〉에서는 "성질이 차고[寒]-평(平)하다고도 한다- 맛이 달며 독이 없다. 오장을 좋게 하고 장위에 독기가 몰린 것을 헤치며 혈열을 내리고 이질과 하혈을 멎게 하며 기를 보하고 몸을 가볍게 한다."고 했다.

알아두면 좋아요

우엉칩을 만들어 곁들여 내도 좋다.
우엉칩 만들기 우엉을 깨끗이 손질한 뒤 얇게 썰어 180도의 오븐에 5분간 구워주면 맛있는 우엉칩이 완성된다. 우엉은 색이 쉽게 변하므로 손질하자마자 식초를 한두 방울 떨어뜨린 물에 담갔다가 사용한다.

봄나물 샤브샤브 샐러드 (2~3인분)

봄에는 미나리, 원추리, 우엉 등 제철 나물을 이용한 음식을 많이 만들어 드세요. 아토피를 치료하는데 좋은 음식들입니다. 간단하게 만들 수 있는 샐러드도 괜찮아요.

들어가는 재료

쇠고기(샤브샤브용) 100g, 표고버섯 2개, 새송이 버섯 1개, 어린잎 채소 30g, 돌나물, 원추리 30g씩, 미나리 20g, 된장 1큰술, 흑임자기름 1큰술, 간장 1/2큰술, 자염, 식용유 약간

오리엔탈 드레싱 간장, 조청, 식초, 흑임자기름, 물 3큰술씩

만드는 법

1. 끓는 물에 된장 1큰술, 쇠고기를 넣고 살짝 데친 후 얼음물에 담갔다가 물기를 뺀다.
2. 표고버섯, 새송이 버섯은 5cm 크기로 굵게 채 썬다.
3. 팬에 채 썬 버섯과 자염, 흑임자기름, 간장을 넣고 살짝 볶는다.
4. 미나리는 3cm 길이로 썰고, 원추리는 끓는 물에 살짝 데친다.
5. 데친 원추리와 돌나물, 어린잎채소를 얼음물에 헹궈 물기를 뺀다.
6. 준비한 드레싱 재료로 드레싱을 만든다.
7. 익힌 버섯과 채소를 담고 드레싱을 뿌린다.

오리엔탈 드레싱 대신 생과일 드레싱을 끼얹어도 좋아요~

- 오리엔탈 드레싱 대신 생과일을 갈아 드레싱을 만들어 써도 좋다.
- 봄나물의 향이 강할 경우 일반적인 샐러드용 채소와 섞어 사용한다.
- 원추리는 익히지 않고 생으로 먹으면 식중독의 위험이 있으므로 살짝 데쳐 사용한다.

미나리, 우엉, 원추리

최고의 해독제 미나리

현대인들이 앓는 대부분의 질환들에서도 그렇지만, 아토피 피부염 환자들에게는 달고 기름진 음식, 인공 식품첨가물과 방부제로 가득 찬 인스턴트식품, 가공식품 등이 가장 큰 '독'으로 작용한다. 그래서 이러한 독소를 제거하는 '해독'이니 '디톡스'니 하는 단어가 들어간 치료법들이 많이 언급되고 있다.

먹거리 중에서 최고의 해독제는 미나리이다. 무시무시한 복어의 독까지 중화시키므로 복국에 반드시 들어갈 정도다. 심지어 각종 공해물질과 중금속으로 오염된 하천과 습지 주변에 미나리를 심어 획기적인 수질 정화효과를 얻고 있다고 하니 그 해독 능력에 입이 벌어질 정도다.

해독만 잘 하는 것이 아니라 맛도 좋다. 조선시대 시조집인 〈청구영언〉에 실린 작자 미상의 시조에는 '봄미나리 살진 맛슬 님의게 드리고져(봄 미나리 살진 맛을 님에게 올리고 싶다.)'라는 구절이 나온다. 얼마나 맛있으면 그리운 님에게 맛보여 드리고 싶다고 노래했을까.

이렇듯 미나리는 봄이 왔음을 알리는 계절의 전령사이자, 특유의 맛과 향으로 봄철 입맛을 살려주는 보약이다. 시원한 성질로 열독을 제거해 주므로 아토피 피부염에도 좋은 효과를 보인다.

가려움을 줄여주는 우엉

〈동의보감〉에서 "악실근경(惡實根莖, 우엉 뿌리와 줄기)은 상한이나 중풍으로 얼굴이 부은 것과 소갈(消渴, 갈증으로 물을 많이 마시고 음식을 많이 먹으나 몸은 여위고 오줌의 양이 많아지는 병)과 중열(中熱, 열사병)을 낫게 한다."고 한 것처럼, 우엉은 피를 맑게 하고, 열을 내리고, 독기를 배출하는 데 탁월한 효과를 낸다. 우방자라고 부르는 우엉 씨는 종기나 피부병이 생겼을 때 독기를 배출하고 가려움을 줄여준다. 목이 붓고 아프거나 열이 있을 때에도 자주 사용한다.

우엉에는 난용성 섬유소가 풍부하게 들어 있는데 대변의 양을 늘려주고 장을 튼튼하게 해주는 효과가 있어서 변비 치료에도 좋다. 이눌린, 아르기닌 등의 성분이 신진대사를 도와 노폐물을 제거하고 피를 맑게 하며 열을 내리는 작용을 한다. 또 신장의 기능을 도와서 소변을 잘 보게 하는 효과도 있기 때문에 몸이 잘 붓는 경우에도 도움이 되며, 조리할 때는 껍질을 까지 않고 사용하는 게 더 좋다.

근심을 잊게 해주는 식물 원추리

원추리는 망우초(忘憂草)라고도 한다. 당나라 황제 현종은 양귀비와 함께 정원을 거닐며 "원추리를 보고 있으면 근심을 잊게 되고 모란을 보고 있으면 술이 잘 깬다."고 했다. 당태종 이세민이 자신의 어머니가 생전에 머물던 집 뜰에 원추리(萱草)를 가득 심었던 것에서 유래해 남의 어머니를 높일 때 '훤당(萱堂)'이라 부르게 되었다고 한다.

〈동의보감〉에서는 원추리에 대해 "마음과 정신을 편안하고 기쁘게 하며 근심이 없게 한다. 원추리는 정원에 심어서 늘 구경하는 것이 좋다. 집 근처에 심는데 흔히 만만한 싹을 캐서 끓여서 먹는다. 꽃망울을 따서 생절이를 만들어 먹으면 가슴을 시원하게 하는 데 아주 좋다고 한다. 일명 녹총(鹿葱)이라고 하고 꽃은 의남(宜男)이라고도 하는데 임신부가 차고 다니면 아들을 낳게 된다. 〈양생론(養生論)〉에 씌어 있기를 '원추리가 망우초로 불린 것이 여기서 나왔다'고 하였다."라고 설명하고 있다. 실학자 홍만선의 〈산림경제〉에도 "초봄에 연한 원추리 싹을 취해 국을 만들거나 나물을 만드는데 모두 훌륭하다."고 한 것을 보면 예로부터 봄에 즐겨 먹은 식물임을 알 수 있다.

진료실에서 아토피 피부염을 앓고 있는 아이와 엄마를 보면 열에 아홉은 정신적으로 매우 지치고 날카로워져 있다. 가뭄에 바싹 마른 밭에 발을 디디는 것처럼 말 한마디 표정 하나에도 반응이 서릿발 같다. 길고 긴 고통의 결과다. 봄이 왔음을 알리는 전령사 중 하나인 원추리를 자주 먹고 화분에도 심어서 아토피로 지친 아이와 엄마의 마음이 조금이나마 편안해지기를 바란다.

감자 쑥전과 소고기 채소 볶음 (2~3인분)

감자 쑥전은 쑥의 깊은 향과 감자의 담백한 맛이 잘 어우러진 음식입니다. 쑥은 특히 피부병이나 여성 질환을 치료하는 데 좋은 역할을 하지요.

들어가는 재료

쑥 30g, 감자 2개(150g), 부침용 쌀가루 2/3컵, 녹말가루 1큰술, 카놀라유 적당량

소고기 볶음 소고기 200g, 빨간 파프리카 1/2개, 노란 파프리카 1/2개, 부추 50g, 아스파라거스 2개, 표고버섯 3개(40g), 흑임자기름 약간

양념장 굴소스 1큰술, 간장 1큰술, 청주 1큰술, 조청 1작은술, 백후추 약간

만드는 법

1. 쑥은 살짝 데친 후 감자와 함께 믹서에 간 뒤 체에 받쳐 물기를 뺀다.
2. 1에 쌀가루, 녹말가루를 넣고 반죽한다.
3. 소고기는 0.5cm 너비로, 버섯과 채소는 3cm 길이로 채 썬다.
4. 팬에 흑임자기름을 두르고 고기를 볶다가 파프리카, 표고버섯, 아스파라거스를 넣고 볶는다.
5. 4에 준비한 양념장 재료를 넣고 볶다가 마지막에 부추를 넣어 살짝 볶아낸다.
6. 팬에 기름을 두르고 2의 반죽을 동그랗게 부친다.
7. 접시에 전과 소고기 채소 볶음을 함께 담아낸다.

- 소고기는 지방이 적고 부드러운 안심을 사용한다.
- 쑥은 데친 후 사용한다. 데치지 않고 갈면 풋내가 난다.
- 전에 고기를 얹고 데친 부추로 묶어 '말이'를 만들면, 손님 초대 요리로도 훌륭하다.
- 굴소스에 알레르기가 있다면 굴소스 대신 간장을 약간 늘려 사용하고 맛술을 약간 더 넣는다.
- 부추는 완성하기 바로 전에 넣어 볶아야 숨이 죽지 않는다.

주꾸미 김치 라이스페이퍼 롤 (2~3인분)

라이스페이퍼 롤은 밋밋해 보이지만 속 재료만 잘 만나면 그럴듯한 요리로 변신합니다. 바다의 봄나물격인 주꾸미를 활용해 맛도 보기도 좋은 롤을 만들어 보아요.

들어가는 재료

주꾸미 4마리, 전복 1개, 김치 200g, 흑임자기름 1작은술, 깨소금 약간,
조청 1작은술, 다진 마늘 1/2작은술, 숙주 1컵, 오이 1/2개, 우엉 30g, 데친 쌀국수 100g, 라이스페이퍼 10장

들깨 드레싱 거피 들깨가루 30g, 마늘 초절임 국물 25mL, 마늘 초절임 25g, 물 200mL, 조청 25g, 다진 양파 25g, 흑임자기름 10mL, 자염 1g, 레몬즙 2작은술, 사과식초 30mL

만드는 법

1. 김치는 줄기부분만 5cm 길이로 가늘게 채 썰어 물에 헹군 후 흑임자기름, 조청을 넣어 무친다.
2. 전복의 내장을 제거해 살만 삶은 후 찬물에 헹궈 채 썰고, 주꾸미도 살짝 데쳐 크게 썬다.
3. 팬에 흑임자기름을 두르고 다진 마늘을 넣어 향을 낸 후 전복을 살짝 볶는다.
4. 숙주는 머리와 꼬리를 떼어내고 끓는 물에, 우엉은 깨끗이 손질하여 채 썬 후 끓는 식초물에 데쳐낸다.
5. 오이는 채 썰고 쌀국수는 물에 30분간 불린 후 끓는 물에 5분간 삶는다.
6. 라이스페이퍼를 따뜻한 물에 담가 불린 후 주꾸미, 전복 살, 숙주, 김치, 오이, 우엉, 쌀국수를 넣고 돌돌 말아준다.
7. 준비한 드레싱 재료를 믹서에 간다.
8. 6의 라이스페이퍼 롤에 들깨 드레싱을 곁들여 낸다.

- 쌀국수는 찬물에 30분 정도 불린 후 데쳐 사용하면 면발이 훨씬 쫄깃해진다.
- 소스는 과일소스, 피시소스, 초고추장 등 다양한 소스로 대신할 수 있다.
- 우엉을 식초물에 데쳐내면 떫은맛을 제거할 수 있다.
- 채소가 많이 들어가므로 다양한 '씹는 소리'를 화제로 아이와 이야기를 나눠 본다.

쑥 피부와 여성 질환에 특효

프랑스의 작가 M. 프루스트의 대표작 〈잃어버린 시간을 찾아서〉에서 유래한 '프루스트 현상(Proust phenomenon)'이라는 말이 있다. 향기나 냄새가 과거의 기억을 이끌어내는 현상을 말한다.

내 어린 시절의 기억을 이끌어내는 아주 효과적인 향은 바로 봄 들판의 쑥 향이다. 다른 어떤 향도 따라올 수 없다. 된장국에서 떡에서, 버무리에서, 봄이 되면 온 집안에 쑥 향이 가득했다.

기억을 잘 따라가다 보면 쑥떡 생각이 난다. 초등학교 시절 봄이면 최고의 간식이 쑥떡이었다. 집에서도 해먹고 학교 앞 문방구에서 친구들과 같이 사먹기도 했다. 1개에 10원 정도 했던 기억이다. 납작하고 길쭉한 절편 모양에 콩고물을 발라서 먹던 그 쑥떡 맛이 정말 그립다.

쑥은 쑥떡, 쑥경단, 쑥인절미 등 떡 종류로도 먹었지만 쑥밥, 쑥국, 쑥버무리처럼 주식으로 많이 이용되었고 목욕할 때 끓여서 넣기도 했다. 가끔은 요즘 아이들이 쑥떡을 안 먹어서 아토피가 생기는 게 아닐까 생각해 볼 정도로 어릴 적 중요한 먹거리가 쑥이었다.

〈동의보감〉에서는 "애엽(艾葉, 약쑥잎)은 성질이 따뜻하고 맛은 쓰며 독이 없다. 오랜 여러 가지 병과 부인의 붕루(崩漏, 월경 기간이 아닌 때에 갑자기 많은 양의 피가 멎지 않고 계속 나오는 병)를 낫게 하여 안태(安胎)시키고, 복통을 멎게 하며 적리(赤痢, 이질의 한 종류)와 백리(白痢, 이질의 한 종류)를 낫게 한다. 오장치루(伍藏痔瘻, 치질의 한 종류)로 피를 쏟는 것을 낫게 하며 살이 돋게 하고 풍한을 헤치며 임신하게 한다."고 하여 피부는 물론 여성 질환에 두루 사용된다고 했다.

단군신화를 보면 곰과 호랑이가 한 굴에서 살면서 사람이 되기를 간절히 원했는데, 쑥과 마늘만 먹고 100일을 버틴 곰이 웅녀로 환생한다. 플리니우스의 〈박물지〉에서는 쑥의 어원이 여신인 아르테미스에서 비롯되었고, 쑥을 여성 질환에 사용했다고 밝히고 있다. 또한 맹자가 "호색을 하면 어린 미녀(少艾)를 사모하게 된다."고 한 것처럼, 동서양 모두 쑥과 여성의 밀접한 관계를 일찍부터 인식하고 있었다.

엄마와 아이에게 모두 좋은 쑥, 많이 먹어야겠다.

주꾸미 면역력을 높이고 시력을 좋게

가장 인기 있는 제철 음식 중 하나가 주꾸미다. 주꾸미는 옛날부터 '봄 주꾸미, 가을 낙지'라 해서 봄철 모든 이들에게 사랑받는 음식이다. 꽃이 피기 시작하는 3월부터 5월이 주꾸미의 산란기로, 이때가 되면 살이 더욱 쫄깃쫄깃 고소해지고 통통하게 알이 차서 맛이 일품이다.

〈자산어보〉에는 주꾸미를 속칭으로 '죽금어'라 부르고 한문으로는 '웅크릴 준(蹲)'자를 써서 '준어(蹲魚)'라고 기록하고 있다. 준어라는 이름은 피뿔고둥 껍데기 속에 웅크리고 있는 주꾸미의 모습에서 유래한 것 같고 죽금어는 주꾸미의 어원일 것으로 생각된다.

주꾸미에는 타우린과 필수아미노산이 많아 간장 해독과 성인병 예방, 면역력 증강, 피로 회복 등에 좋다. 타우린은 주꾸미나 문어·낙지·오징어 등을 말렸을 때 겉에 묻어 있는 흰 가루로, 아이들의 시력도 좋게 한다. 제2차 세계 대전 때 시력 향상을 위해 일본 가미카제 특공대 조종사에게 주꾸미 달인 물을 먹였다는 기록이 있을 정도다.

표고버섯 도미살 완자찜 (2~3인분)

도미는 아토피 아이들에게 좋은 영양공급원입니다. 표고버섯에 양념한 도미살을 얹어 만든 완자찜은 도미살의 부드러운 맛과 버섯의 향이 좋은 조합을 보여주지요.

들어가는 재료

마른 표고버섯 10장, 녹말가루 3큰술

생선 반죽 다진 도미 살 200g, 다진 바지락 살 50g, 다진 뱅어포 30g, 다진 당근, 다진 양파, 다진 파 2큰술씩, 청주 1큰술, 녹말가루 3큰술, 달걀 흰자 1개, 자염, 백후추 약간, 흑임자기름 1/2작은술

소스 굴소스 2큰술, 조청 1큰술, 맛술 1작은술, 물(표고 불린 물) 8큰술, 녹말물 1작은술, 흑임자기름 1큰술

만드는 법

1. 마른 표고버섯을 따뜻한 물에 20분간 불린 후 버섯의 물기를 제거하고 기둥을 떼어낸다.
2. 큰 볼에 생선 반죽 재료를 넣고 고루 치댄다.
3. 버섯 갓 안쪽에 녹말가루를 고루 묻히고 생선 반죽을 채운 후 앞뒤로 녹말가루를 묻힌다.
4. 찜기에 면보를 올리고 3의 버섯완자를 10분 정도 찐다.
5. 굴소스와 표고버섯 불린 물, 조청을 섞어 끓이다가 맛술, 녹말물을 넣어 걸쭉해지면 불을 끄고 흑임자기름을 넣어 향을 낸다.
6. 접시에 완자찜을 올리고 소스를 살짝 뿌린다.

- 표고버섯은 조청을 약간 넣은 물에 갓을 위로 해서 담가 놓으면 부드럽게 잘 불릴 수 있다.
- 찜을 하면 좋지만 구이로 응용하여 조리하는 것도 한 방법이다.
- 달걀에 알레르기 반응이 있다면 달걀 대신 녹말가루의 양을 조금 더 늘린다.
- 뱅어포가 잘 다져지지 않을 때에는 전자레인지에 1분 정도 돌린 후 다진다.
- 도미 살이 없다면 다른 흰살생선을 사용해도 좋다.
- 굴소스에 아토피 반응이 있다면 굴소스 대신 간장과 맛술을 써서 간을 맞춘다.

도미 영양 만점, 흰살생선의 으뜸

도미는 수려한 몸매, 화려한 색채, 뛰어난 맛 세 가지 요소를 고루 갖춰 우리나라와 일본에서는 '백어(百魚)의 왕'으로 귀하게 대접받고 있다. 특히 일본 사람들의 도미 사랑은 유별나다. 우리는 '썩어도 준치'라고 하는데 일본 사람들은 '썩어도 도미'라고 한다. 또한 우리는 '붕어빵'을 먹지만 일본인들은 '다이야끼'라 하는 '도미빵'을 즐겨 먹는다.

보통 30~40년을 살아 물고기 중에서는 수명이 매우 길고 철저하게 일부일처제를 지키는 도덕적인 물고기라 하여 생일이나 회갑 등 경사스런 날과 제사상에 빠지지 않고 오른다. 어두일미(魚頭一味) 역시 도미의 머리 부분이 가장 맛있다는 말에서 유래되었다고 한다. 조선 숙종 때 실학자인 홍만선의 〈산림경제〉에는 도미에 대해 "머리 부위가 맛있다. 봄과 여름에 순채를 넣고 끓이면 맛이 있다."라고 적혀 있다. 또한 홍선표의 〈조선요리학〉 제3편 '승기악탕' 편에는 도미찜의 연원에 대해 다음과 같이 자세히 설명하고 있다.

"조선 성종 때 오랑캐가 함경도 일대를 수시로 침입하여 백성들을 괴롭혔는데, 이를 방어하고자 조정에서는 허종에게 의주에 진영을 두고 국경을 수비하게 하였다. 허종이 의주에 도착하자 백성들은 허종을 환영하는 뜻에서 도미에 여러 가지 양념을 한 특별한 음식을 대접하였다. 허종이 먹어 보니 서울에서도 먹지 못한 음식이어서 백성들에게 그 음식의 이름을 물으니 허종을 위하여 처음 만들었으므로 아직 이름이 없다고 하였다. 이에 술과 기생을 좋아하기로 유명한 허종은 음식의 맛이 매우 훌륭해 술과 기생보다 더 낫다고 하여 그 이름을 승기악탕(勝妓樂湯)이라고 하였다."

 예로부터 복날에는 보신 음식을 먹는 '복달임'을 해왔는데, '복더위에 민어찜은 일품, 도미찜은 이품, 보신탕은 삼품'이라는 말이 있다. 그만큼 세 음식이 무더위에 지쳐 떨어진 기력을 보충하는 힘이 대단하다는 얘기다. 도미는 글루탐산을 비롯한 각종 아미노산의 균형이 좋고 지방질이 적당히 올라 있으나 맛이 담백하고 비리지 않아 아토피 피부염을 앓는 아이들에게 좋은 영양 공급원이 된다.

표고버섯 칼슘의 체내 흡수를 돕는다

 아무리 칼슘이 많은 음식을 먹더라도 비타민D가 부족하면 흡수에 문제가 생긴다. 이럴 때 같이 먹으면 좋은 식품이 표고버섯이다. 표고버섯에 들어 있는 에르고스테린은 햇볕을 받으면 비타민D로 변해 칼슘의 체내 흡수를 도와준다. 그러므로 말린 표고버섯을 바지락처럼 칼슘이 풍부한 식품과 같이 조리하면 궁합이 잘 맞는다. 〈동의보감〉은 "마고(蘑菰, 표고버섯)는 성질이 평하고 맛이 달며 독이 없다. 정신이 좋아지게 하고 음식을 잘 먹게 하며 구토와 설사를 멎게 한다. 아주 향기롭고 맛이 있다."라고 하여 표고버섯의 효능에 대해 칭찬을 아끼지 않고 있다.

오리 새싹 샐러드 (2인분)

시원한 성질을 지닌 오리와 알싸한 새싹의 맛, 쌉쌀하고도 새콤한 더덕과 과일의 향기가 함께 어우러진 별미입니다. 눈과 입으로 봄을 느낄 수 있어요.

들어가는 재료

훈제오리 1/3마리, 새싹 1/2팩, 빨간 파프리카 1개, 블랙 올리브 20g, 양상추 1/3통

소스 더덕 1뿌리(작은 것) 키위 1/2개, 파인애플 30g, 레몬즙 1큰술, 올리브유 50mL, 머스터드 1/2큰술, 사과식초 30mL, 조청 1큰술, 자염 약간

만드는 법

1 훈제오리는 끓는 물에 살짝 데쳐 기름기와 껍질을 제거하고 살만 잘게 찢어 놓는다.
2 새싹은 얼음물에 담갔다가 건져 두고 빨강 파프리카는 4cm 길이로 채 썬다.
3 양상추는 먹기 좋은 크기로 뜯어 찬물에 헹궈 준비하고 올리브는 링 모양으로 썬다.
4 더덕은 껍질을 벗기고 뜨거운 물에 살짝 데친 후 준비한 소스 재료와 함께 믹서에 간다.
5 접시에 채소를 담고 훈제오리를 올린 후 소스를 뿌려 낸다.

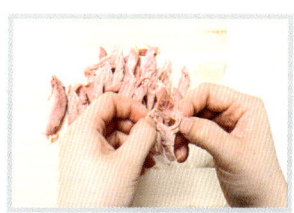  

- 어른이 먹을 때는 손질한 더덕을 생으로 갈아 쓰고, 아이들에게 먹일 때는 살짝 데쳐 아린 맛을 제거한 후 사용한다.
- 소스는 더덕 대신 연근, 우엉을 쓰거나 제철 과일과 함께 섞어 사용해도 좋다.
- 머스터드소스에 아토피 반응이 있다면 사용하지 않도록 한다.
- 아이들과 함께 집에서 새싹채소를 길러보자. 간편하게 새싹을 기를 수 있는 도구들이 시중에 많이 나와 있다.

더덕   모래땅에서 캐낸 인삼

    산에서 자라는 인삼이 '산삼'이고 바다에서 나는 인삼이라 하여 '해삼'이라고 하는 것처럼, 더덕은 모래땅에서 캔 인삼이라는 뜻으로 사삼(沙蔘, 더덕)이라고 한다. 인삼 하면 고려인삼이 최상품인데 더덕 역시 우리나라 것을 최고로 쳤다. 1123년에 송나라 사신으로 고려를 다녀간 서긍이 쓴 〈고려도경〉 중 '선화봉사고려도경' 제23권에 보면 "관에서 매일 내놓는 나물에 또한 더덕이 있으니, 크고 살이 부드럽고 맛이 있는데 약으로 쓰는 것이 아닌 듯하다."라고 한 바 있다.

    모양이 인삼과 비슷해서 옛날에도 더덕을 가짜 인삼으로 둔갑시켜 팔아먹는 일이 종종 있었던 것 같다. 조선시대 한치윤의 〈해동역사〉 제26권 〈물산지〉에는 요즘 말로 하면 '짝퉁 인삼'에 대해 다음과 같이 설명하고 있다.

    "조선의 인삼 가운데 가짜는 모두 더덕[沙蔘(사삼)], 잔대[薺苨(제니)], 도라지[桔梗(길경)]의 뿌리로 만든다. 근래에는 인삼의 즙을 먼저 짜내어서 자신이 마시고, 햇볕에 말려 다시 팔아먹는다. 그것을 일러 위삼(渭蔘)이라고 하는데, 약재로 쓸 수가 없다."

    〈동의보감〉에서는 더덕에 대해 "성질이 약간 차고[微寒] 맛이 쓰며 독이 없다. 비위를 보하고 폐기를 보충해 준다. 또한 고름을 빨아내고 종독(腫毒, 종기의 독)을 삭힌다."고 하여 피부질환에도 효능이 있음을 밝히고 있다.

    더덕 때문에 후손에게 두고두고 조롱을 듣는 조선의 정승 얘기도 있다. 광해군 때 좌의정을 지낸 한효순은 더덕요리를 바쳐 정승 자리에 올랐다는 소리를 듣는 인물로 〈조선왕조실록〉에 그 내용이 나온다. "광해군 11년(1619년)에 (중략) 어떤 사람이 시를 지어 조롱하기를, 사삼 각로 권세가 처음에 중하더니 잡채 상서 세력은 당할 자 없구나. (이하 줄임)" 여기서 각로는 한효순, 상서는 이충을 지칭한다. 더덕으로 밀병을 만들어 바친 한효순의 권세가 컸는데 후에 이충이 잡채를 바쳐 전세가 바뀌었다는 얘기다. 광해군이 정승 자리까지 내릴 정도면 더덕의 맛이 어떠했을까. 이러한 연유로 더덕을 '산채의 영의정'이라고 하는지도 모를 일이다.

오리 아토피 아이들의 기운을 북돋는 보양식

오리는 〈동의보감〉에서 "성질이 서늘하고 맛이 달며 독이 약간 있다(독이 없다고도 한다). 허(虛)한 것을 보(補)하고 열을 없애며 장부를 고르게 하고[和臟腑] 오줌을 잘 나가게 한다."고 하였다. 과다한 열로 인해 지쳐 있는 아토피 아이들의 기운을 북돋아줄 수 있는 알맞은 음식이랄 수 있겠다. 그러나 많은 기름기 때문에 문제가 될 수 있는 껍질과 지방은 최대한 제거하고 먹도록 한다.

아토피를 낫게 하는 맛있는 제철 요리 · 봄

꼬막 쌀국수 볶음 (2인분)

쫄깃한 꼬막 살과 잘 어울리는 간장양념이 담백한 바다의 맛을 보여줍니다. 건강에도 좋고 맛도 좋은 쌀국수는 부재료의 맛까지 잘 살려주는 음식이지요.

들어가는 재료

꼬막 200g, 부추 30g, 표고 3개, 양파 1/2개, 다진 마늘 1작은술, 식용유 1큰술, 간장 3큰술, 굴소스 1큰술, 조청 1큰술, 흑임자기름 1큰술, 청주 1큰술, 녹말가루, 흑임자 약간, 쌀국수 180g

만드는 법

1. 해감을 뺀 꼬막을 끓는 물에 데친 다음 살을 바른다.
2. 데친 꼬막 살을 청주에 살짝 재워 둔다.
3. 표고버섯은 밑동을 제거한 뒤 채 썰고 부추와 양파는 4cm 길이로 채 썬다.
4. 쌀국수는 찬물에 담가 불렸다가 끓는 물에 5분간 삶은 후 건져 둔다.
5. 팬에 기름을 두르고 다진 마늘을 넣은 후 꼬막을 넣고 더 볶는다.
6. 5에 쌀국수, 양파, 표고를 넣고 볶다가 간장, 조청, 굴소스를 넣는다.
7. 6에 부추를 넣고 볶은 후 흑임자기름을 넣어 버무려 향을 더한다.

- 부추는 요리의 마지막에 넣어야 숨이 죽지 않는다.
- 쌀국수는 불린 후 삶아야 더욱 쫄깃하다.
- 부추는 꼬막의 약한 비린내를 잡아주므로 함께 사용하면 좋다.
- 꼬막은 데친 후 사용해야 나중에 수분이 많이 생기지 않는다.
- 표고버섯의 밑동은 보관해 뒀다가 육수를 낼 때 쓴다.

꼬막 영양 가득한 졸깃졸깃 속살

〈조선왕조실록〉에 보면 "성종 19년(1488년) 충청도 관찰사 김여석이 바닷조개[海蛤] 100개를 바쳤다. 조개의 이름은 강요주(江瑤柱)인데, 비인·내포 등지에서 생산된다. 날씨가 추울 때에 해구의 조수 머리에 물이 줄어들고 진흙이 드러난 곳에 나는데, 그 맛은 보통 조개[蛤]와 같지 아니하다."라는 기록이 있다. 여기서 강요주란 강요주(江瑤珠)라고도 하는데, 살조개, 즉 꼬막을 말한다. 이처럼 임금님 수랏상에도, 조상님들의 제사상에도 자주 오른 음식이 바로 꼬막이다.

정약전은 〈자산어보〉에서 고막(蚶, 꼬막)에 대해 "크기는 밤만 하고 껍질은 조개를 닮아 둥글다. 빛깔은 하얗고 무늬가 세로로 열을 지어 늘어서 있으며, 줄과 줄 사이에는 도랑이 있어 기와지붕과 같다. 두 껍질의 들쑥날쑥한 면이 서로 엇갈려 맞추어져 있다. 고기 살은 노랗고 맛이 달다."고 자세히 묘사하고 있다.

〈동의보감〉에서는 감(蚶)이라 부르는데, 몸에 아주 이롭다며 다음과 같이 칭찬하고 있다.

"성질이 따뜻하고 맛이 달며 독이 없다. 오장을 편안하게 하고 위를 든든하게 하며 속을 따뜻하게 하고 음식이 소화되게 하며 음경이 일어서게 한다(조갯살의 효과). 껍데기는 불에 구워서 식초에 담갔다가 가루 내어 식초로 고약이나 알약을 만들어 먹는다. 일체 혈기병(血氣病, 신체의 기와 혈에 문제가 생기는 병), 냉기병(冷氣病, 차가운 바람이나 기운에 의해 생기는 병), 징벽(癥癖, 자궁근종 등) 등을 치료한다. 껍데기가 기와같이 생겨 와롱자(瓦壟子)라고도 한다."

'감기 석 달에 입맛이 소태 같아도 꼬막 맛은 변함없다.'거나 '먹어도 먹어도 물리지 않는 게 벌교 꼬막', '꼬막 맛이 떨어지면 이미 죽은 사람'이란 말이 있을 만큼 전라도 사람들은 누구나 꼬막을 즐기며 귀하게 여겼다. 꼬막은 예로부터 전남 장흥, 해남, 보성 등지에서 많이 생산됐는데 특히 고흥 사람들은 어릴 적부터 꼬막을 밥처럼 먹고 살아서 골격이 튼튼하고 힘이 세 '고흥 사람 앞에서는 힘자랑하지 마라.'라는 말도 있다.

전라도의 꼬막 중에서도 벌교에서 잡은 것이 가장 맛이 좋다고 알려져 있다. 소설가 조정래 선생은 〈태백산맥〉에서 참꼬막을 "알맞게 잘 삶아진 꼬막은 껍질을 까면 몸체가 하나도 줄어들지 않고, 물기가 반드르르 돌게 마련이었다. 양념을 아무 것도 하지 않은 그대로도 꼬막은 훌륭한 반찬 노릇을 했다. 간간하고, 졸깃졸깃하고, 알큰하기도 하고, 배릿하기도 한 그 맛은 술안주로도 제격이었다."

라고 표현했다. 그 맛을 내려면 시금치 데치 듯 핏기는 가시고 간기는 그대로 남아 있게 슬쩍 삶아내야 한다.

 진달래와 벚꽃이 필 때부터 질 때까지가 가장 맛있다고 하는 꼬막은 조리가 간편하고 소화·흡수가 잘된다. 고단백, 저지방의 알칼리식품으로 필수아미노산이 골고루 들어 있고, 특히 칼슘과 철분을 다량 함유하고 있어 어른의 빈혈이나 어린이들의 성장발육에 효과가 있다. 또한 진액을 보충하고 열을 내려주며 해독하므로 뜨겁고 건조한 아토피 피부염의 개선에 도움을 준다.

청포묵과 키조개에 곁들인 과일 채소 드레싱 (2인분)

키조개에는 아토피 피부의 치료에 도움 되는 아연이 가득 들어 있어요. 키조개와 청포묵, 새싹 채소 고유의 씹는 맛과 과일 드레싱의 상큼함이 잘 어우러진 요리입니다.

들어가는 재료

청포묵 1모(200g), 관자 80g, 청주 1큰술, 오이 1/2개, 치커리 & 쑥갓 30g, 베이비(새싹) 채소 50g

과일 채소 드레싱 사과식초 90mL, 간장 45mL, 포도씨유 45mL, 조청 35g, 사과 50g, 양파 40g, 당근 30g, 마늘 5g, 맛술 45mL, 흑임자기름 5mL, 생강즙 3mL, 오렌지 즙(또는 주스) 10mL

만드는 법

1. 준비한 드레싱 재료를 믹서에 넣고 갈아 하루 동안 숙성시킨다.
2. 묵을 1×1cm 크기로 썰어 준비한다.
3. 관자를 깨끗이 손질하여 청주를 넣은 끓는 물에 데치고 망에 건져 식힌다.
4. 식힌 관자와 오이를 얇게 자른다.
5. 베이비(새싹) 채소와 치커리, 쑥갓은 먹기 좋은 크기로 뜯어 얼음물에 담갔다가 건져 둔다.
6. 그릇에 채소와 관자, 청포묵을 올리고 드레싱을 뿌린다.

 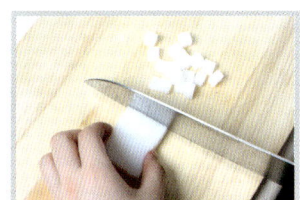 

- 관자는 데친 후 그대로 식히도록 한다. 찬물에 헹구면 질겨지고 고유의 향이 사라진다.
- 과일 채소 드레싱은 하루 정도 숙성시켜야 고유의 맛이 잘 어우러진다. 또한 들어가는 재료가 많으므로 넉넉히 만들어 놓고 사용하는 것이 편하다.
- 포도씨유는 향이 강하지 않으므로 재료가 많이 들어가는 드레싱에 잘 맞는다.
- 청포묵 대신 도토리묵, 메밀묵 등을 써도 좋다.

녹두 각종 피부병에 뛰어난 효과

궁녀들의 피부 관리에도 창포, 겨(糠)와 함께 녹두가 자주 쓰였다. 녹두 콩을 갈아 그 가루를 내어 얼굴을 씻으면 때가 잘 벗겨지고 피부가 고와진다 하여 널리 사용되었다고 한다.

예전부터 맛이 상큼한 녹두묵((淸泡, 청포묵)은 봄이 제철이고 옥수수로 만드는 올챙이묵은 여름이 제철이며 쌉쌀한 도토리묵은 가을, 그리고 텁텁한 메밀묵은 겨울에 먹어야 별미라고 했다.

우리나라 풍속을 적은 〈동국세시기〉를 보면 예로부터 봄에 녹두로 만든 여러 가지 음식을 즐겨왔음을 알 수 있다. 〈동국세시기〉 '3월 3일조'에는 "녹두가루를 반죽하여 익힌 다음 가늘게 썰어 오미자 국물에 띄우고 꿀물을 섞고 또 잣을 띄운 것을 화면(花麵)이라 한다. 혹은 진달래꽃을 녹두가루에 반죽하여 만들기도 한다. 녹두로 국수를 만들어 붉은색으로 물을 들이기도 하는데, 그것을 꿀물에 띄운 것을 수면(水麵)이라고 한다. 이것들은 모두 시절음식이고 제사에도 사용한다."고 하였다. 또한 '월내조'에서는 "녹두로 청포묵을 만들어 잘게 썰고 돼지고기, 미나리, 김에 초장을 쳐서 봄날 저녁에 차게 해서 먹을 수 있도록 만든 음식을 탕평채(蕩平菜)라 한다.'고 하였다.

몇 년 전에 최고의 인기를 누렸던 드라마 〈대장금〉에 보면, 장금이가 태어나기 전 장금이의 엄마가 억지로 사약을 먹게 될 때, 한상궁이 녹두 달인 물을 먹여 장금이 엄마를 살려내는 장면이 나온다. 그만큼 녹두는 열을 내리고 해독하는 작용이 뛰어나다.

조선시대 전기의 대표적인 농업서적인 〈농사직설〉에는 "토박한 밭에 녹두를 심어 무성하기를 기다렸다가 갈아엎으면 잡초도 벌레도 나지 않으며 메마른 토양이 기름진 밭으로 변하게 된다."고 녹두의 효능을 설명하고 있다.

〈동의보감〉에서는 "녹두(菉豆)는 성질이 차고[寒](평(平)하다고도 하고 싸늘하다[冷]고도 한다.) 맛이 달며 독이 없다. 일체 단독(丹毒, 피부가 빨갛게 되면서 독이 오른 것), 번열(가슴이 답답하면서 열이 나는 것), 풍진(風疹)과 광물성 약 기운이 동한 것을 치료하는데 열을 내리고 부은 것을 삭히며 기를 내리고 소갈증을 멎게 한다. 오장을 고르게 하고[和五臟] 정신을 편안하게 하며 12경맥을 잘 돌게 하는 데는 제일 좋다."고 하였고, "녹두분(녹두가루)은 성질이 차고[冷](평(平)하다고도 한다.) 맛이 달며 독이 없다. 기를 보하고[益氣] 열독을 없애는데 발배(發背, 등에 난 종기)와 옹저(癰疽, 각종 피부병과 종기), 창절(瘡癤, 피부병의 하나)을 치료하며 술독, 식중독을 푼다."라고 하여 각종 피부질환에도 효과가 좋다고 하였다.

키조개 필수 원소 아연의 보고

키조개는 곡식의 쭉정이를 까불 때 쓰는 '키(箕)'와 닮았다 하여 붙은 이름으로, 키조개의 관자(패주)는 단백질이 풍부하고 정혈작용이 있어 임산부의 산후조리에도 좋다.

정약전의 〈자산어보〉에는 '키홍합(箕蚌)'이라 하여 "큰 놈은 지름이 대여섯 치 정도이고 모양이 키와 같아서 평평하고 넓으며 두껍지 않다. 실과 같은 세로무늬가 있다. 빛깔은 붉고 털이 있다. 돌에 붙어 있으나 곧잘 떨어져 헤엄쳐 간다. 맛이 달고 산뜻하다."고 기록하고 있다.

관자 특유의 부드럽고 순후한 맛은 글루탐산, 이노신산 등을 중심으로 이뤄지는데 열을 가하면 영양가가 많이 손실되므로 살짝만 익히거나 생으로 먹는 것이 좋다.

또한 미네랄 중 아연의 함량이 12.8mg/100g으로 생굴의 14.5mg/100g에 거의 필적하는데, 이는 어류, 해조류, 다른 조개류보다 평균 5~20배 이상 높은 수준이다. 아연은 갑상선 호르몬과 인슐린, 성호르몬 등 각종 호르몬 들의 작용을 도와주는 필수 미량 원소로서, 부족하게 되면 미각 기능과 성장 발육에 이상이 생긴다. 아연은 특히 독성 미네랄의 흡수를 저해하고 히스타민의 생성을 억제하는 기능이 있어 아토피 피부의 치료에 도움이 된다. 성인의 경우 하루에 필요한 양은 10~12mg이다.

입맛을 잃기 쉬운 봄철, 아이의 성장과 엄마의 자궁 건강을 위해 키조개로 입맛을 살려보자.

도다리와 시금치 유부주머니 (2~3인분)

복주머니 같은 유부 속에 아토피 환자에게 좋은 흰살 생선과 시금치를 가득 넣었어요. 보기에도 정성이 가득 드러나는 음식으로 손님 접대에도 좋아요.

들어가는 재료

도다리 살 200g, 청주 1큰술, 후춧가루, 자염 약간씩, 다진 마늘 1/3작은술, 유부피 20장
두부 1/2모, 표고 50g, 김치 50g, 데친 시금치 50g, 도라지 20g, 간장 2큰술, 들깨가루 2큰술, 자염 1/2작은술, 흑임자기름 3큰술, 조청 1/2큰술, 오미자청 1큰술, 쪽파 약간

만드는 법

1 도다리를 굵게 다져 다진 마늘, 청주, 후춧가루, 자염을 넣고 간한 후 살짝 볶는다.
2 유부피를 끓는 물에 데친 후 물기를 제거하고 버섯을 다져 기름을 두르고 간장을 조금 넣어 살짝 볶는다.
3 국물을 뺀 김치를 잘게 다지고, 데친 시금치와 도라지도 잘게 다져 기름을 두른 팬에 각각 살짝 볶는다.
4 볼에 준비한 재료와 두부를 으깨 섞은 다음 간장, 들깨가루, 자염, 흑임자기름 오미자청, 조청을 넣고 양념해 소를 만든다.
5 유부피에 소를 적당량씩 넣고 모양을 잡은 후 데친 쪽파로 단단히 묶는다.
6 찜통에 10분간 쪄낸다.

- 유부피는 끓는 물에 데친 후 사용해야 기름기가 빠지고 부드러워진다.
- 유부주머니와 각종 채소를 넣어 전골로도 조리할 수 있다.
- 아이가 채소를 많이 부담스러워 하면 당면을 굵게 다져 넣는 것도 좋은 방법이다.

도다리 입맛을 단번에 살려주는 생선

　예로부터 우리나라를 근역(槿域), 청구(靑丘), 진역(震域), 동이(東夷), 계림(鷄林) 등 여러 이름으로 불렸는데 그 가운데 한 이름이 접역(鰈域)이다. 〈조선왕조실록〉에 보면 정조 3년(1779년) 8월 3일에 임금이 우리나라를 '접역'이라고 칭하는 내용이 나오는데, 여기서 접(鰈)자가 바로 비목어(比目魚)라고도 부르는 가자미 접자다. 얼마나 많이 잡히고 또 얼마나 오랜 세월 즐겨 먹었으면 '가자미 나라'라고 불렀을까.

　가자미는 함경도와 강원도의 대표음식이다. 필자도 속초에 갈 일이 있으면 아바이마을에 들러서 가자미식해를 꼭 먹고 온다. 가자미 구이와 조림도 맛있고, 반쯤 말려서 찜으로 먹어도 아주 별미다.

　우리나라 사람들이 제일 많이 먹는 생선회가 광어회, 도다리회라고 한다. 좌도우광이니 우도좌광이니 말들도 많지만 어쨌거나 가자미와 사촌지간들이니 예나 지금이나 가자미는 '국민생선'급이다.

    도다리는 가자미목 가자미과의 물고기다. '봄 도다리, 가을 전어'라는 말이 있을 정도로 봄이 되면 도다리 맛이 아주 좋다. 입맛이 떨어지고 나른한 봄에는, 들판에 지천인 쑥을 뜯어 물 좋은 도다리와 함께 끓인 도다리쑥국이 좋다. 쑥의 향과 도다리의 담백하고 시원한 국물이 그렇게 잘 어울릴 수가 없다.

    비린 맛이 전혀 없어 생물 도다리나 참가자미는 미역국에도 넣어 끓인다. 제주를 비롯해 남해와 동해 바닷가 지방에서 많이 해먹는다. 필자도 어릴 적 많이 먹어봤는데 전혀 비리지 않고 맛있었다.

    미역과 함께 어우러진 가자미나 도다리의 담백하고 뽀얀 국물은 비슷한 부재료가 들어간 미역국을 매일 먹느라 질린 산모의 입맛을 단번에 살려주는 매력이 있다. 영양은 말할 것도 없다. 〈동의보감〉에서는 "비목어(比目魚, 가자미)는 성질이 평하고 맛이 달며 독이 없다. 허한 것을 보하고 기력을 강하게 한다."고 그 효능을 밝히고 있다.

    명태, 대구, 조기 등과 함께 흰살생선의 대표격인 도다리는 민감하고 기력이 떨어진 산모의 위에도 전혀 부담을 주지 않는다. 그만큼 아토피 아이에게도 자극적이지 않아 단백질을 비롯한 여러 가지 영양소들의 훌륭한 공급원이 된다.

해삼 피조개 볶음밥 (2인분)

해삼은 영양과 맛이 뛰어나고 피조개는 아토피와 빈혈을 예방해주는 고마운 해산물이지요. 두 재료를 더해 볶음밥을 만들면 아이들이 특히 잘 먹습니다.

들어가는 재료

밥 200g, 피조개 200g, 해삼 50g, 식용유 1큰술, 다진마늘 1/2작은술, 양파 1/4개, 건표고버섯 1개, 빨간 파프리카 1/4개, 아스파라거스 1개, 매실청 1/2큰술, 굴소스 1큰술, 흑임자기름 1큰술, 자염, 후춧가루 약간씩, 스크램블드에그 약간

만드는 법

1 건표고를 따뜻한 물에 10분간 불린다.
2 피조개를 주물러 가며 씻어 불순물을 제거한 다음 끓는 소금물에 넣어 익힌다.
3 피조개 입이 벌어질 때 불을 끄고 조개를 건져낸 다음 살을 분리한다.
4 해삼은 내장을 제거하고 1cm 길이로 썬다.
5 파프리카, 표고, 양파, 아스파라거스도 1cm 크기로 썬다.
6 팬에 기름을 두르고 마늘을 볶다가 양파, 아스파라거스, 표고버섯, 파프리카, 조갯살, 해삼, 밥, 자염, 후춧가루, 굴소스, 매실청의 순서로 넣어 볶는다.
7 흑임자기름과 스크램블드에그를 넣어 한번 섞는다.

- 밥은 잡곡밥을 준비해도 좋다.
- 조개류를 물에 담가 해감을 뺄 때 녹슨 못이나 10원짜리 동전을 넣고 뚜껑을 덮어 놓으면 해감을 빨리 제거할 수 있다.
- 달걀에 아토피 반응이 있다면 스크램블드에그는 빼도 된다.
- 굴소스 대신 간장과 맛술을 2:1로 섞어 써도 된다. 예)간장 2큰술, 맛술 1큰술

해삼 무서운 재생력의 비밀

'중국의 화교가 전 세계에 널리 퍼져 있는 것은 해삼을 수집하기 위해서'라는 말이 있을 정도로 해삼은 동서양에서 매우 귀한 식재료로 대접받아 왔다. 길고 울퉁불퉁하게 생겨 서양에서는 '바다의 오이'로 불리기도 하는 해삼은 가을부터 맛이 좋아져 동지 전후에 맛이 절정에 이른다. 말린 것을 해삼(海蔘)이라고 하고 날 것을 해서(海鼠)라고도 한다.

정약전의 〈자산어보〉에는 "우리나라 동, 서, 남쪽 바다에 거의 다 서식한다. 해삼은 잡아서 말린 뒤 판다. 전복과 담채(홍합)와 해삼을 삼화(三貨)라고 한다."고 하였고, 서유구의 〈전어지〉에서는 "해삼은 본바탕이 온화해서 비위를 보하는 효험이 있다. 그 효험이 인삼에 필적하므로 이런 이름이 붙었다. 바다에 있는 물고기 중에서 사람을 보익하는 데 효험이 제일 좋다."고 설명하고 있다.

해삼은 적의 공격을 받거나 큰 자극을 받으면 창자를 토해내거나 몸을 스스로 끊어 버리기도 하는데, 재생력이 아주 강해서 몇 달 정도면 원상 복구된다. 이러한 해삼의 뛰어난 재생력을 이용해서 일본 양식업자들은 해삼을 자극하여 창자를 빼낸 다음 몸통을 가로로 잘라 양식장 물속에 다시 넣어둔다. 시간이 지나면 잘린 해삼이 두 마리가 되고, 그 두 마리 몸속에 창자가 가득 차 다시 창자를 수확할 수 있는 것이다.

해삼은 칼슘(말린 것 100g당 1천384mg), 철분(말린 것 100g당 53.0mg) 등이 풍부하여 성장기 아이들의 발달과 엄마의 뼈 건강에 매우 좋다. 인삼의 주요 약리성분인 사포닌 계열의 성분도 함유하고 있어, 인삼과 같은 삼(蔘)자를 쓰는 것도 무리가 아니다.

〈동의학사전〉은 해삼에 대해 "맛은 짜고 성질은 평하다. 신경, 비경에 작용한다. 신장, 비장과 혈을 보하고 정수를 늘리며 양기를 돋운다. 특히 몸이 약한 부인들의 보약으로 좋다."고 했다. 해삼은 특히 임신 중인 여성에게 아주 좋은 식품인데, 한의학에서 볼 때 해삼은 '안태' 효과를 가지고 있다. 안태란 자궁 안에 있는 태아를 편안하게 해준다는 뜻이다. 습관성 유산의 병력이 있거나 임신 중 하혈을 비롯한 유산전조 증상이 있을 때 유산을 막아주는 처방에 인삼 대신 해삼을 넣어서 쓰면 매우 큰 도움이 된다. 이런 경우에는 말린 것보다 진액을 많이 함유하고 있는 날것을 사용하는 것이 좋겠다.

해삼은 여름이 오면 수온이 낮은 외해나 깊은 수심의 동굴 속으로 들어가 여름이 지나가기를 기다리며 여름잠을 잔다. 해삼 연골에는 이처럼 시원한 성질과 뛰어난 재생력, 그리고 진액을 보충해주는 효능을 가진 콘트로이틴이 풍부하게 들어 있어서 건조하고 뜨거운 아토피 피부에 많은 도움을 준다.

피조개 아토피뿐만 아니라 빈혈도 예방

조개류 중에서도 바지락과 함께 가장 흔하게 접할 수 있는 조개는 꼬막 종류이다. 꼬막은 돌조개목 돌조개과의 조개로, 돌조개과에는 꼬막, 새꼬막, 피조개 이렇게 세 가지가 있는데 껍질에 패어져 있는 부챗살마루(방사륵)의 숫자로 구분한다. 꼬막은 17~18줄, 새꼬막은 32~33줄, 피조개는 39~44줄이다.

겨울철에서 초봄까지 가장 맛이 좋은 피조개는 이름 그대로 살과 피의 색깔이 사람의 피처럼 붉은 색을 띤다. 일본에서는 '아카가이'라고 부르며 초밥용으로 아주 인기가 좋다. 소라, 조개류 등 다른 연체동물은 몸의 혈액이 구리와 결합한 헤모시아닌이 들어 있지만, 피조개의 혈액에는 파충류나 포유류처럼 철과 결합하고 있는 헤모글로빈이 들어있다. 따라서 흡수율이 대단히 뛰어난 햄철이 핏속에 많아서 아이와 엄마의 빈혈 예방에도 한몫 단단히 한다.

한의학박사와 요리전문가가 함께 만든 건강 레시피
아토피를 낫게 하는 맛있는 제철요리

여름

깻잎 단무지 당면 (2인분)

여름철에는 단무지의 아삭아삭한 씹는 맛이 더 시원하게 느껴집니다. 깻잎에 풍부한 로즈마린산은 향기를 더할 뿐 아니라 항염 효과도 내지요.

들어가는 재료

당면 200g, 단무지 120g, 조청 2큰술, 식초 2큰술, 물 2큰술, 애호박 1/2개, 어묵 100g, 깻잎 20g, 흑임자(통깨) 약간
양념장 간장 7큰술, 식초 2큰술, 흑임자(통깨) 적당량, 흑임자기름 1큰술, 맛술 1작은술, 물 4큰술, 조청 1큰술

만드는 법

1. 당면을 찬물에 담가 10분간 불린다.
2. 불린 당면을 끓는 물에 5~7분 삶아 건져 살짝 헹군 후 체에 받쳐 둔다.
3. 어묵과 애호박은 채 썰어 끓는 소금물에 살짝 데친다.
4. 단무지는 조청, 식초, 물을 2큰술씩 넣어 5~10분간 재운다.
5. 단무지와 깻잎을 곱게 채 썬다.
6. 준비한 재료로 양념장을 만든다.
7. 당면에 양념장, 어묵, 애호박, 깻잎, 단무지를 넣어 버무린 후 흑임자(통깨)를 뿌려 낸다.

- 어묵은 살짝 데쳐 기름기를 빼고 요리한다.
- 어른이 먹을 때는 양념장에 고추장이나 고춧가루를 첨가해도 좋다.

도토리묵 국수 (2인분)

먹기 좋고 풍부한 영양도 얻을 수 있는 별미 국수입니다. 먹는 소리까지 정겨운 도토리묵 국수는 최대한 얇게 썰어 후루룩~ 먹기 좋게 만드는 게 포인트예요.

들어가는 재료

도토리묵 400g, 오이 1/2개, 김가루 30g, 들깨가루 약간, 김치 100g, 깻잎 6장

디포리 채소육수 다시마 10×10cm 1장, 양파 1/2개, 파 1대, 마늘 5개, 무 1/3개, 디포리 4마리, 물 4컵

양념   식초 3큰술, 조청 1큰술, 간장 1과 1/2큰술

만드는 법

1 디포리를 기름을 두르지 않은 프라이팬에 살짝 볶는다.
2 디포리 채소육수 재료를 깨끗이 손질하여 찬물에 넣어 끓인다.
3 육수를 10분 정도 끓이다 디포리와 다시마를 건져내고 조금 더 끓여 차갑게 식힌다.
4 도토리묵을 곱게 채 썬다.
5 오이와 깻잎을 곱게 채 썰고 김치는 굵게 다진다.
6 육수에 양념을 넣어 골고루 섞는다.
7 그릇에 묵과 김치, 채소를 담은 후 육수를 붓고 들깨가루와 김가루를 얹는다.

- 도토리묵 대신 검은깨묵, 청포묵, 곤약 등을 사용해도 된다.
- 시원하게 먹으려면 양념을 하고 따뜻하게 먹으려면 간장만 조금 넣는다.
- 채소는 기호에 따라 변경해도 되고 어른이 먹는 경우 통들깨를 사용하면 더 고소한 맛을 낼 수 있다.
- 디포리는 한 번 볶아 사용해야 더 구수한 맛을 낸다.

들깨와 들깻잎
우리 아이 건강하고 똑똑하게 기르는 비법

들깨와 들깻잎은 김치와 함께 우리나라 사람들이 가장 즐겨 먹는 음식이라 할 수 있다. 일본에서 들깨의 사촌인 차조기(紫蘇)가 식중독을 방지하기 위해 생선회에 곁들여 먹는 생강이나 매실 초절임의 부재료 정도로 이용될 뿐, 들깻잎을 일상적으로 먹는 나라는 우리나라가 세계에서 유일하다.

들기름의 주성분인 리놀렌산은 리놀레산과 함께 인체에 꼭 필요한 필수지방산으로, 부족하면 성장장애, 불임, 피부질환 등이 나타날 수 있다. 리놀렌산은 오메가-3 지방산으로 항돌연변이 효과 및 암세포 증식 억제 등 암 예방 효과도 있다. 신경계의 필수지방산으로 시신경에도 영향을 주며 학습능력을 높이고 치매 예방 효과도 우수하다.

2011년 5월 발표한 농촌진흥청의 연구 결과에 따르면 들깻잎에는 뇌세포 대사기능을 촉진하고 치매를 예방하는 로즈마린산과 뇌혈류 촉진 및 신경안정에 효과가 있다고 알려진 가바(GABA) 성분이 다량 함유되어 있는 것으로 나타났다.

깻잎에 들어 있는 로즈마린산은 1g당 76mg

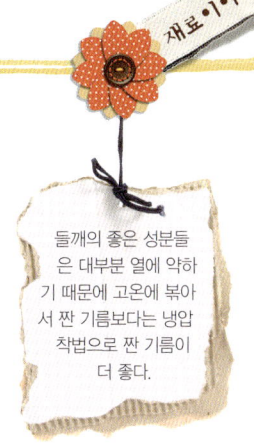

들깨의 좋은 성분들은 대부분 열에 약하기 때문에 고온에 볶아서 짠 기름보다는 냉압 착법으로 짠 기름이 더 좋다.

으로 로즈메리보다 약 7배, 가바 함유량은 100g당 70mg으로, 쌈배추(10mg/100g), 치커리(30mg/100g), 상추(40mg/100g)보다 훨씬 많다. 로즈메리, 박하, 스피어민트 등 허브 식물에 들어 있는 로즈마린산은 항균, 항염증, 항산화 활성 효과가 있고, 뇌신경을 보호해 치매예방 효과도 있는 것으로 알려져 있다. 비타민A와 C, 그리고 칼슘 등의 무기질은 덤이다.

서양 사람들도 부러워하는 우수한 오메가-3 지방산의 공급원인 들깨와, 일본과 소비량 세계 1, 2위를 다툴 정도로 많은 해산물을 먹어온 것이 한국인이 유태인과 함께 세계에서 가장 머리 좋은 민족으로 꼽히는 이유가 아닐까 한다.

들깨의 좋은 성분들은 대체로 열에 약하니 고온에 볶아서 짠 기름보다는 볶지 않고 냉압 착법으로 짜낸 기름을 쓰는 게 좋겠다.

〈동의보감〉에는 "성질이 따뜻하고[溫] 맛이 매우며[辛] 독이 없다. 기를 내리고 기침과 갈증을 멎게 한다. 폐를 눅여 주고 중초를 보하며 정수(精髓)를 보충해 준다. 들깨가 익으려 할 때에 이삭을 따서 먹으면 몹시 고소하고 맛이 있다."고 적혀 있다. 들깨의 뇌기능 향상을 비롯한 여러 가지 효능을 선조들은 알고 있었던 것이다. 필자도 어릴 적에 찹쌀풀을 묻혀 기름에 튀긴 들깨 이삭 튀김을 가을마다 아주 맛나게 먹은 기억이 나는데, 향긋하고 고소한 것이 정말 별미였다.

들기름으로 제철 나물 많이 무쳐서 아이도 먹고 엄마도 먹으면 아토피가 좋아지고, 공부도 잘할 수 있게 되며 엄마의 암도 예방하고……, 좋은 점을 일일이 다 꼽을 수 없을 정도다.

오디잼과 오디편

오디는 블랙푸드의 하나로 요즘 주목 받고 있는 열매입니다. 쌀로 만든 빵에 오디잼을 발라 먹으면 정말 맛있어요. 오디편은 시원한 음료와 함께 드세요.

오디잼

들어가는 재료
오디 2kg, 조청 1kg, 생강가루 3g 또는 생강즙

만드는 법
1. 깨끗이 씻은 후 체에 밭쳐 물기를 제거한 오디를 믹서에 넣어 곱게 간다.
2. 오디 간 것을 무쇠 냄비에 넣고 주걱으로 저으며 끓인다.
3. 끓어오르면 불을 약하게 줄여 생강가루와 조청을 넣고 계속 저으며 뭉근히 끓인다.

- 오디는 산과 펙틴이 많아 쉽게 잼으로 만들 수 있으며 다른 재료를 추가로 섞어도 좋다.
- 무쇠냄비를 쓰면 녹아나온 철분이 오디잼에 섞이므로 자연스럽게 철분을 보강할 수 있다.

오디편

들어가는 재료
오디 600g, 물 4컵, 유기농 황설탕 170g, 자염 약간, 조청 2큰술, 한천가루 2큰술, 녹말가루 6큰술, 물 8큰술

만드는 법
1. 오디는 깨끗이 씻은 후 물 4컵을 부은 냄비에 넣어 20분 정도 끓인다.
2. 물 6큰술에 녹말 6큰술, 물 2큰술에 한천 2큰술을 각각 풀어 불린다.
3. 오디즙, 유기농 황설탕, 자염을 냄비에 넣어 끓인다.
4. 물에 불린 녹말과 한천을 3에 넣고 잘 저으면서 30분 정도 중불에서 끓인다.
5. 되직해지면 조청을 넣고 골고루 섞어 조금 더 끓인다.
6. 물을 바른 틀에 5를 부은 다음 식어서 굳으면 틀에서 꺼내어 먹기 좋은 크기로 자른다.

- 오디 외에 단호박, 고구마, 밤 등 아이들이 좋아할 만한 재료를 써도 된다.
- 오디편이 굳으면 아이와 함께 여러 가지 틀로 찍어내 재미있는 모양을 만들어본다.

가지 매실청 탕수 (2인분)

새콤달콤한 가지 매실청 탕수는 채소를 싫어하는 아이들도 잘 먹는 요리입니다. 가지는 서늘한 성질과 풍부한 안토시아닌으로 아이의 피부를 진정시키는 역할을 해요.

들어가는 재료

가지 2개, 파인애플 1/3개, 빨간 파프리카 1개, 오이 1/2개, 당근 30g, 양파 1/2개, 녹말가루 3큰술, 다진 마늘, 자염, 백후추 약간, 식용유

소스 식초 4큰술, 매실청 2큰술, 물 6큰술, 조청 3큰술, 자염 약간, 간장 2큰술, 물녹말 3큰술

만드는 법

1. 가지를 깨끗이 씻어 2×2cm 크기로 잘라 연한 소금물에 잠깐 절인다.
2. 절인 가지의 물기를 닦고 녹말가루를 골고루 입힌 후 기름에 살짝 튀긴다.
3. 양파, 당근, 오이, 파인애플, 파프리카를 2×2cm 크기로 썬다.
4. 프라이팬에 기름을 두르고 다진 마늘을 넣어 볶다가 당근, 양파, 오이를 넣어 볶는다.
5. 4에 파인애플, 파프리카를 넣어 볶다가 물녹말을 제외한 나머지 소스 재료를 넣어 볶는다.
6. 5에 물녹말을 넣고 걸쭉해지면 튀긴 가지를 넣어 버무린다.

- 가지를 튀길 때는 콩기름보다 포도씨유나 카놀라유를 쓰는 것이 좋다. 올리브유는 향이 강하므로 탕수에는 쓰지 않는다.
- 가지는 소금물에 살짝 절여야 나중에 조리할 때 수분이 많이 나오지 않는다.
- 흑후추보다는 향이 약한 백후추를 쓰되 최소량만 넣는다.

쥐눈이콩 아삭주먹밥 (2~3인분)

녹두, 현미, 쌈장, 연근, 우엉 등 재료 본연의 맛과 영양, 씹는 맛을 잘 살린 주먹밥이에요. 먹기에 간편하고 보기도 좋아 아이들이 특히 좋아하지요.

들어가는 재료
현미 1컵, 녹두 1/4컵, 쥐눈이콩 1/4컵, 연근 30g, 우엉 30g, 깐밤 40g, 당근 30g, 물 2컵, 자염 약간
쌈장 두부 50g, 표고버섯가루 1작은술, 된장 2큰술, 들기름 1큰술, 들깨가루 1큰술, 다진 피망(붉은색·녹색) 1큰술, 조청 1작은술

만드는 법
1 씻은 현미, 녹두, 쥐눈이콩을 30분 정도 물에 불린다.
2 연근과 우엉의 껍질을 벗겨 끓는 소금물에 살짝 데쳤다가 당근, 밤과 함께 잘게 썬다.
3 밥솥에 1과 2, 물과 자염을 넣어 밥을 짓는다.
4 두부를 으깨고 표고버섯가루, 된장, 들기름, 들깨가루, 다진 피망, 조청을 섞어 쌈장을 만든다.
5 밥이 다 되면 손으로 모양을 잡아 주먹밥을 만들고 그 위에 쌈장을 얹어 낸다.

- 아이들과 함께 주먹밥을 만들어 본다.
- 비닐랩이나 비닐장갑을 끼면 손에 밥이 묻지 않아 편하다.
- 연근과 우엉은 끓는 소금물에 데쳐야 쓴맛이 없어진다.
- 기호에 따라 쌈장에 청국장을 넣어도 된다.
- 들기름은 냉장고에 보관한다.

블랙푸드

최근 블랙푸드가 웰빙 음식으로 인기몰이를 하고 있다. 블랙푸드가 좋은 것은 '안토시아닌' 성분 때문이다. 안토시아닌은 폴리페놀류에 속하는 플라보노이드 중의 하나로 채소와 과일, 꽃 등의 적색, 청색, 자색 등을 나타내는 수용성 색소이다. 그리스어에서 꽃을 의미하는 안토스(anthos)와 청색을 나타내는 키아노스(kyanos)가 합쳐진 것이다.

안토시아닌은 질병과 노화의 원인이 되는 활성산소를 제거하는 항산화 작용이 비타민 A, C, E보다 강력하며 토코페롤보다 5~7배나 높다. 이 같은 항산화 작용을 필두로 콜레스테롤을 감소시키고 혈관에 작용하여 심장질환을 예방하며 항암, 혈당 강하, 치매 예방, 신장 및 위장 강화 등 다양한 효과를 낸다.

안토시아닌이 많이 들어 있는 식품은 오디, 가지, 검정쌀, 검은콩, 포도, 자색고구마 등이다. 안토시아닌이 풍부한 이런 음식들은 항노화 식품으로 환영받고 있다.

안토시아닌은 피부에 대해서도 다양한 작용을 하는데, 최근의 여러 연구 결과들을 살펴보면 포도나 아세로라의 안토시아닌이 멜라닌 합성을 억제해서 피부 미백 효과를 내고, 피부 염증 매개물질로 작용하는 IL-1a, 프로스타글란딘 E2를 줄여 피부의 손상을 막아주는 것으로 나타났다.

내 영혼의 음식 가지

여름 채소라고 하면 빼놓을 수 없는 것이 가지다. 어릴 적 외할머니께서 텃밭에서 가지 몇 개를 따다가 가마솥의 밥이 거의 익을 때쯤 가지를 올려놓았다가 말랑하게 익으면 손으로 죽죽 찢어 조선간장, 깨소금, 다진 마늘 약간, 참기름 한 방울 넣고 조물조물 무쳐 주셨던 가지나물을 잊을 수가 없다. 부드러운 가지나물에 갓 지은 밥 한 그릇을 뚝딱 비웠던 기억이 아직도 생생하다. 커서도 그때 그 맛을 못 잊어 찜기에 가지를 쪄서 같은 양념으로 무쳐 보았지만 아무리 해도 그 맛을 낼 수 없어 크게 실망하기도 했다. 할머니의 손맛과 밥에서 올라오는 김과 가마솥의 철분, 이 세 가지 요소가 들어가야만 진정한 내 영혼의 음식(soul food)인 외할머니표 가지나물이 될 수 있는 것이다.

가지는 서늘한 성질과 풍부한 안토시아닌으로 아이의 피부에 도움을 주며, 열량도 100g당 16kcal로 토마토(14kcal)와 비슷해 엄마의 다이어트에도 큰 도움이 된다.

거짓 없이 몸에 좋은 오디

과수원이나 밭에서 서리를 하다 붙잡혔을 때 절대 거짓말을 못하는 경우가 뽕밭에서 오디를 몰래 따 먹다 주인한테 걸렸을 때다. 오디의 검정 색소는 정말 강력해서 한나절이 지나도 혀와 입술에서 지워지지 않는다.

〈동의보감〉에서는 오디를 상심(桑椹)이라 하며 "성질은 차고[寒] 맛은 달며[甘] 독이 없다. 소갈증을 낫게 하고 오장을 편안하게 한다. 오래 먹으면 배가 고프지 않게 된다. 검은 오디에는 뽕나무의 정기[桑之精]가 다 들어 있다."고 하였으며, 오디에 노화 억제물질인 C3G, 고혈압 억제물질인 루틴, 혈당 저하 성분인 1-DNJ가 다량 함유되어 있다는 최근의 연구 결과에서도 알 수 있듯이, 오디는 피부 건강을 비롯해 노화 방지와 당뇨에도 도움이 많이 된다.

검은깨소스를 곁들인 해물수육 (2인분)

해물과 채소, 디포리 육수로 깊은 맛을 낸 별미 요리예요. 여기에 각종 피부질환에 좋은 흑임자를 뿌려 아토피 치료 효과를 더했어요.

들어가는 재료
갑오징어 1마리, 소라 1개, 전복 살 50g, 깻잎 30g, 고춧잎 30g, 양파 1/2개, 흑임자기름 1작은술

디포리 육수 디포리 20g, 무 30g, 파 10g, 양파 20g, 통마늘 2개, 물 4컵, 다시마 10cm 1장

소스 흑임자가루 60g, 간장 2큰술, 맛술 1큰술, 식초 2큰술, 디포리 육수 100mL

만드는 법
1 기름을 두르지 않은 프라이팬에 디포리를 살짝 볶아 비린내를 없앤다.
2 볶은 디포리와 나머지 육수 재료를 넣고 끓인 후 다시마와 디포리를 빼고 5분 더 끓인 뒤 체에 내린다.
3 갑오징어의 내장, 껍질, 뼈를 제거하고 1×4cm 크기로 썬다.
4 소라와 전복의 내장을 제거하고 살만 삶아 얇게 썬다.
5 양파는 채 썰어 찬물에 10분간 담가 매운맛을 제거하고 깻잎은 곱게 채 썬다.
6 고춧잎은 끓는 소금물에 살짝 데쳤다가 흑임자기름을 뿌려 무친다.
7 소스 재료를 섞어 소스를 만든다.
8 갑오징어, 소라, 전복, 채소를 접시에 담고 소스를 별도로 담아 낸다.

- 다양한 제철 채소를 함께 내도 좋다.
- 디포리는 볶아 사용해야 비린내가 없어지고 구수한 맛이 난다.
- 다른 여러 해산물을 더하거나 쌀국수를 삶아 곁들여도 좋다.
- 육수를 미리 만들어 냉동보관 했다가 조리할 때 녹여 써도 된다.
- 소스, 채소, 해산물을 각각 따로 준비하여 샤브샤브처럼 즐겨도 좋다.

참깨와 참기름

칼슘, 철분, 단백질의 보고

예로부터 참깨에는 세 가지 덕이 있어 풍을 막아주고, 희어진 머리를 검게 하며, 근심을 덜어 준다고 했다. 그래서 아들 하나보다 노부모에게 더 효도한다고 하여 효마자(孝麻子)로 불리기도 했다.

참깨에 들어 있는 리놀렌산은 콜레스테롤을 줄여 중풍을 예방하고 레시틴은 두뇌활동을 증진시키므로 선조들의 말씀이 속속 입증되고 있는 셈이다. 또한 칼슘이 우유보다 10배 이상 많고 철분도 풍부하며 단백질 또한 닭 가슴살만큼이나 풍부하다.

참깨는 〈동의보감〉에 모든 곡물 중 가장 먼저 기록될 정도로 귀하게 여겨졌던 식품이다. "기운을 돕고 살찌게 하며 골수와 뇌수를 충실하게 하고 힘줄과 뼈를 든든하게 하며 오장을 윤택하게 한다. 또한 골수를 보하고 정(精)을 보충해주며 오래 살게 하고 얼굴빛이 젊어지게 한다."고 적고 있다.

참기름에 대해서는 "성질이 약간 차다. 대변이 잘 나오게 하고, 태반이 나오지 않을 때 나오게 한다. 창종(瘡腫, 헌데나 부스럼)에도 바르며, 빠진 머리털이 새로 나게 한다. 이런

효과가 있는 것은 생검정참깨로 짠 기름이다. 찌거나 볶아서 낸 것은 음식에 넣어 먹거나 등불 기름으로 쓰고, 약으로는 쓰지 못한다."고 했다. 또한 흰참깨기름(白油麻油)에 대해서는 "묵은 기름으로 만든 고약은 새살이 돋게 하고 작은 종기를 가라앉히며, 터진 피부를 아물게 한다."고 적어 각종 피부질환에 참깨가 우수한 효능을 보이고 있음을 설명하고 있다.

조선 후기의 실학자 서유구는 〈임원경제지〉에서 "제주도에서 생산되는 참깨는 낟알이 크며 검고 윤기가 나는데, 거승이라 부를 만하다."고 하여 제주산 검정깨를 상품으로 쳤다.

이러한 참기름의 효능을 바탕으로 한의학에서는 당귀 자초 등을 첨가하여 '자운고'라는 연고제를 개발해 예로부터 다양한 피부질환에 사용해 좋은 치료 효과를 보고 있다. 초기 아토피 피부염을 비롯해 피부소양증, 아장풍, 수족열창, 습진, 각피증, 농가피 등의 피부질환과 동상, 화상, 궤양, 치루 등에 탁월한 효과를 발휘하여 1차 선택제제로 널리 쓰인다.

유자 농어 조림

농어는 민어와 함께 여름 생선의 대표주자이며 영양 가득한 흰살 생선의 하나지요. 유자에는 레몬의 3배에 이르는 비타민이 들어 있어요.

들어가는 재료

농어 1/2마리, 녹말가루 3큰술

양념장 유자청 3큰술, 간장 3큰술, 맛술 1큰술, 청주 1큰술, 생강즙 1작은술, 다진 마늘 1작은술

만드는 법

1 농어는 큼지막하게 포를 뜬 뒤 5cm 크기로 자른다.
2 준비한 재료로 양념장을 만든다.
3 손질한 농어에 양념장 2큰술을 넣고 5분간 재웠다가 녹말가루를 입혀 프라이팬에 노릇하게 굽는다.
4 구운 농어를 냄비에 담고 남은 양념장을 넣어 국물이 자작해질 때까지 졸인다.

- 맛술은 음식의 향미를 돋우고 청주는 비린내를 없애준다.
- 농어 뼈와 머리는 깨끗하게 손질해 매운탕 재료로 쓴다.

농어 여름철 최고의 보양식

같은 음식이라도 계절에 따라 맛과 향이 천차만별이다. 하물며 생선은 말할 것도 없다. 봄 조기, 여름 농어, 가을 갈치, 겨울 동태라는 말이 있듯이 농어(鱸魚)는 민어와 함께 여름 생선의 대표주자이다.

농어는 몸길이 50~90cm로, 길고 옆으로 납작하며 입이 크다. 8등신으로 불릴 만큼 날씬한 몸매를 지녔다. 흰살 생선이지만 지방이 많고 비타민A, D 및 각종 필수아미노산이 많이 들어있으며, 광어나 민어처럼 성장할수록 맛이 더 좋아진다고 한다.

워낙 유명하고 맛 좋은 생선이라 전해오는 이런저런 이야기나 고사도 많다. 그중 제일 유명한 것이 오중노회(鳴中鱸膾)다. 중국 동진시대(317~420년) 장한이라는 인물이 있었는데, 그가 관직을 맡아 낙양에 있을 때 가을바람이 불자 고향인 강동 오강(鳴江)의 순채국과 농어회를 떠올리며 "인간의 삶 가운데 가장 귀한 것은 자신의 뜻과 마음에 따르는 것인데 어찌하여 관직에 얽매여 수천 리 밖에서 명예와 관직을 구하겠는가."라는 말을 남기고 사직 후 고향으로 돌아갔다는 것이다.

〈추간집(秋澗集)〉 4권에 보면 원나라 때 왕운이라는 이가 지은 '농어를 먹다(食鱸魚)'라는 시가 나온다.

"농어를 옛사람이 좋아했기에 나 또한 오강에 왔노라니, 가을바람은 이미 지나갔으나 순로의 향기가 맘에 만족하구려. 내가 배를 채우기 위함이 아니라 특이한 고기를 맛보지 않을 수 있으랴. 큰 입에 아가미는 겹으로 나왔는데 섬세한 비늘은 눈빛과 겨루어라. (중략) 기름진 살은 해조보다 낫고 좋은 맛은 하방을 능가하구나. (이하 줄임)"

〈동의보감〉은 농어에 대해 "성질이 평(平)하고 맛이 달며[甘] 독이 약간 있다. 오장을 보하고 장위를 고르게 하며 힘줄과 뼈를 든든하게 한다. 회를 쳐 먹으면 더 좋은데 많이 먹어야 좋다."면서 몸을 보하는 효능이 대단하다고 하였다.

유자 비타민C, 레몬보다 3배 많아

 향긋한 향이 기분까지 좋게 만드는 유자(柚子)는 다른 과일에 비해 비타민C 함유량이 100g당 139㎎ 이상으로 레몬의 3배가 넘는다. 하지만 비타민C는 시간의 경과와 물리적 자극에 따라 쉽게 파괴되므로 조리 후 바로 먹는 것이 좋다.
 〈동의보감〉에서는 유자에 대해 "유자의 껍질은 두텁고 맛이 달며[甘] 독이 없다. 위 속의 나쁜 기를 없애고 술독을 풀며 술을 마시는 사람의 입에서 나는 냄새를 없앤다."라고 설명하고 있다.
 제철에 집에서 유자청을 만들어서 차로 마시고 아이나 엄마가 목욕할 때 입욕제로 써도 좋다. 유자청 만드는 방법은 다음과 같다.
 유자를 깨끗이 씻은 후 물기를 닦고 4등분하여 씨를 제거한다. 0.5cm 정도 두께로 썰어 병에 넣고 설탕이나 꿀을 켜켜이 뿌려 재어 놓는다. 씨도 함께 재어 놓아 입욕제로 쓸 때 같이 사용하면 좋다.

장어 오징어순대 (2~3인분)

장어 오징어순대는 여러 좋은 재료들이 조화를 이루어 맛과 영양 모두 뛰어납니다. 아토피로 고통 받는 가족들에게 좋은 기운을 듬뿍 전해줄 수 있는 별식이에요.

들어가는 재료

오징어 1마리(작은 것은 2마리), 장어 살 300g, 아귀 간 50g, 김치 1/3포기, 청주 2큰술, 레몬즙 1큰술, 밥 1공기, 당근 1/5개, 양파 1/4개, 다진 파 1큰술, 간장 1큰술, 자염, 후춧가루 약간, 흑임자기름 1작은술, 달걀 1개, 녹말가루 4큰술, 꼬치

만드는 법

1. 장어 살을 곱게 다진 후 청주, 레몬즙, 자염, 후추를 뿌려 밑간을 한다.
2. 아귀 간을 찬물에 하루 정도 담가 핏물을 제거하고 깨끗이 손질한 후 청주와 자염을 뿌려 30분간 재어 둔다.
3. 아귀 간의 물기를 제거하고 찜통에 20분간 찐다.
4. 오징어의 내장을 제거하고 깨끗이 씻어두고, 다리 부분만 곱게 다져 놓는다.
5. 물에 씻은 김치를 잘게 다진 다음 꼭 짜서 물기를 제거한다. 당근, 양파는 곱게 다진다.
6. 넓은 그릇에 장어, 아귀 간, 다진 오징어다리, 양파, 당근, 파, 김치, 밥, 자염, 후춧가루, 흑임자기름, 달걀, 녹말가루를 넣고 차지게 치댄다.
7. 오징어 몸통 안에 녹말가루를 넣었다가 털어내고 반죽한 속을 2/3 정도만 채운 후 꼬치로 입구를 막는다.
8. 오징어를 찜통에 10분 동안 쪘다가 식으면 한 입 크기로 자른다.

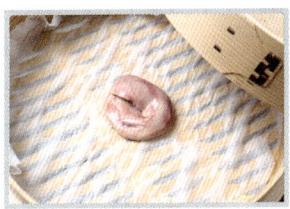

- 장어는 청주, 레몬즙 등으로 밑간을 해야 비린내가 없어진다.
- 김치, 장어 외에 다양한 제철 음식을 순대 속으로 사용할 수 있다.
- 아귀 간은 손질이 조금 까다롭다. 핏물을 제거하고 밑간 후 쪄서 냉동 보관해 두면 오랫동안 먹을 수 있다. 폰즈소스를 곁들이면 술안주로도 좋다.

장어 비타민A 덩어리

여름은 장어의 계절이다. 장어는 예로부터 우리나라뿐만 아니라 중국, 일본에서도 '여름철 무더위로 허약해진 몸을 보하는 약'으로 인기가 높다.

흔히 '민물장어'로 불리는 뱀장어는 장어류 가운데 유일하게 바다와 민물을 오가며 생활한다. 보통 60cm까지 자라며 연어와 정반대로 어릴 때 강으로 올라와 5~12년 생활하다가 산란기가 가까워지면 바다로 내려간다.

뱀장어의 비타민A 함량은 3천500IU로, 특히 간장과 내장에 놀라울 정도로 많이 들어 있다. 뱀장어의 비타민A는 레티놀이라고도 하는데, 주름 방지용 고급 화장품의 주원료로 쓰인다. 채소에 함유된 카로틴과 달리 전부 몸에 흡수되어 소화기, 호흡기, 눈의 점막, 위장병, 감기 예방, 야맹증 등에 효과적이다. 또한 기억력과 학습능력을 높여주는 DHA, EPA, 레시틴 등이 풍부하게 들어 있어 수험생들에게 아주 좋은 보양식이라 하겠다.

〈동의보감〉에서도 "장어는 오장이 허손된 것을 보하고 폐결핵을 낫게 한다."라고 한 것처럼 장어는 예로부터 보신 식품의 대명사로 알려져 있다.

뱀장어는 회로는 먹지 않는다. 그 이유는 혈액에 포함된 '이크티오톡신'이라는 독소 때문이다. 이 독소가 사람의 몸에 들어가면 구역질이나 중독 증상을 일으키며 눈에 들

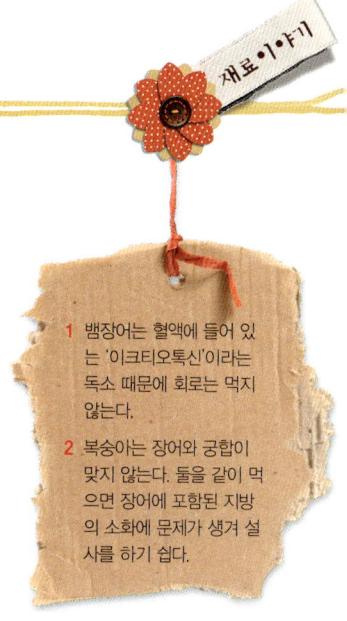

재료이야기

1. 뱀장어는 혈액에 들어 있는 '이크티오톡신'이라는 독소 때문에 회로는 먹지 않는다.
2. 복숭아는 장어와 궁합이 맞지 않는다. 둘을 같이 먹으면 장어에 포함된 지방의 소화에 문제가 생겨 설사를 하기 쉽다.

어가면 결막염을, 상처에 묻으면 피부가 약한 사람은 염증을 일으킨다. 하지만 열을 가하면 독성이 없어지기 때문에 구이나 국 등으로 조리해 먹으면 된다.

한편, 음식끼리 궁합이 맞지 않으면 탈이 나기 십상인데, 그 예가 장어와 복숭아다. 복숭아와 장어를 같이 먹으면 장어에 포함된 지방의 소화에 문제가 생겨 설사를 하기 쉽다.

앞서 소개한 '장어 오징어순대'는 장어를 비롯해 몸에 좋은 여러 음식들로 속을 꽉 채운 것이다. 재료의 조화가 뛰어나 맛과 영양 모두 만족스럽다.

장어 오징어순대 레시피를 준비하면서 떠오른 노래가 하나 있다. 소리꾼 장사익 선생의 '섬'이라는 곡인데, 이런 가사가 나온다.

"순대 속 같은 세상살이를 핑계로 퇴근길이면 술집으로 향한다. 우리는 늘 하나라고 건배를 하면서도 등 기댈 벽조차 없다는 생각으로 나는 술잔에 떠 있는 한 개 섬이다."

여기서 순대의 속은 고단하고 힘든 세상살이를 뜻하지만, 장어오징어순대의 속에는 아토피 환자의 고단하고 힘든 투병생활을 달래줄 좋은 기운만 가득하다. 아토피 아이든 엄마든 그 기운 듬뿍 받고 힘냈으면 한다.

아토피를 낫게 하는 맛있는 제철 요리 · 여름

무장아찌 쌀국수 (2인분)

저장식품의 진수인 무장아찌에 깻잎, 오이 등 신선한 채소와 담백한 쌀국수, 고소한 들깨가루소스가 어우러진 음식입니다. 무는 특히 피부질환과 위장에 좋아요.

들어가는 재료

무장아찌 100g, 쌀국수면 120g, 오이 1개, 깻잎 5장, 불린 미역 50g

소스 장아찌국물 150mL, 간장 2작은술, 식초 2큰술, 조청 2작은술, 들깨가루 2큰술, 들기름 2큰술, 매실청 2큰술

만드는 법

1. 오이와 깻잎, 무장아찌를 곱게 채 썬다.
2. 소스는 장아찌국물, 간장, 매실청, 식초, 조청을 섞은 뒤 들깨가루와 들기름을 추가로 넣어 섞어 만든다.
3. 불린 미역을 끓는 물에 데쳐 2cm 크기로 썬다.
4. 쌀국수면을 30분간 물에 불린 후 끓는 물에 5분간 삶아 찬물에 헹군다.
5. 접시에 면을 담고 무장아찌, 미역, 채 썬 오이와 깻잎을 함께 올린 뒤 소스를 뿌린다.
6. 내기 직전 들기름을 살짝 뿌려 향을 더한다.

 • 어른용으로 준비한다면 청양고추를 넣어 한결 매콤하게 즐길 수 있다.

무 맛 좋은 천연 소화제

"처녀에는 총각무 / 입맞췄나 쪽무 / 부끄럽다 홍당무 / 여덟아홉 열무 / 방귀뀌어 뽕밭무 / 물어봤자 왜무 / 이쪽저쪽 양다리무 / 첫날신방 단무 / 처녀팔뚝 미끈무 / 거짓없는 순무 / 오자마자 가래무 / 이화춘풍 봄무 / 단군기자 조선무 / 정이들라 뼈드렁무 / 군량대던 제갈채무 / 추풍낙엽 얼간이무 / 크나마나 땅따리무 / 미끈하다 장다리무……."

이런 타령이 있을 정도로, 무는 우리의 식생활에서 빼 놓을 수 없는 채소다. 제철인 가을에 채 썰어 말린 무말랭이, 된장이나 고추장에 박아서 만든 무장아찌, 무청을 말린 시래기 등 어느 하나 버릴 것 없는 알뜰한 반찬거리였다. 어른 아이 모두에게 중요한 간식거리이기도 했다. 밭에서 쑤욱 뽑아서 흙 털어내고 한 입 베어 물면 그렇게 달고 시원할 수가 없어 주전부리에 천연 소화제 구실까지 했다.

무는 우리나라, 일본, 중국 등 아시아 지역에서 즐겨 먹는다. 서양에서는 예로부터 형편없는 식탁이나 가난을 상징하는 채소라 즐겨 사용하지는 않았다고 한다. 몹시 가난했던 영국 시인 로버트 브라우닝이 "4월이면 식탁에 오르는 지긋지긋한 무 요리여!"라고 읊은 것이라든지, 형편없는 술안주를 '무와 소금'이라고 하는 것만 봐도 알 수 있다. 제갈량이 원정을 가는 곳마다 무를 심어 군량으로 삼았기에 '제갈채'라고도 하며, 〈후한서·유분자전〉에는 장안에 유분자를 왕으로 받든 대규모 농민 반란군이 쳐들어와 궁을 둘러싸고 있을 때 궁녀 1천 명이 무를 먹으면서 끝까지 저항해 수절채라 불렸다고도 한다. 속살을 예쁘게 한다고 하여 아기씨들이 숨어서 잘 먹었기에 미용채라고도 했고, 아들 낳길 원하는 여자들이 두 갈래진 무를 야밤에 몰래 먹어서 다산채이기도 했다.

우리나라에는 중국에서 들어와 삼국시대부터 재배됐으나 널리 퍼진 것은 고려시대로 추정된다. 1890년대 강화도에 세워진 한국 최초의 해군사관학교 교관으로 초빙된 영국인 콜웨이 대위의 부인이 옮겨 심어 강화도 토질과 기후에 적응, 한국화한 것이 강화 특산물인 순무라고 전한다.

무는 활용도만큼이나 많은 영양소와 효능을 지녔다. 무를 많이 먹으면 속병이 없다고 할 정도로 위장에 좋다.

〈동의보감〉에서는 "내복(萊菔, 무)은 성질이 따뜻하고[溫](차다[冷]고도 하고 평(平)하다고도 한다.) 맛이 매우면서 달고[辛甘] 독이 없다. 음식을 소화시키고 소갈을 멎게 하고 뼈마디를 잘 놀릴 수 있게 한다. 오장에 있는 나쁜 기운을 씻어 내고 폐위(肺痿)로 피를 토하는 것과 허로로 여윈 것, 기침하는 것을 치료한다. 밀가루와 보릿가루의 독을 제어할 수 있다."라며 무가 소화를 돕고 해독 작용을 한다고 적고 있다. 〈본초강목〉에서는 무가 피부질환이나 화상에 효험이 있다고 설명하고 있다.

오이 살찔 염려 없는 다이어트 식품

오이는 피부 미용에 최고의 식품으로, 예로부터 다양하게 활용해왔다. 미백과 보습 효과가 있어 건조한 피부를 윤택하게 해줄 뿐만 아니라 열을 진정시키는 효과가 있어 화상 치료에 좋으며 아토피 치료에도 많은 도움을 준다.

오이는 수분과 비타민, 각종 미네랄로 이루어져 칼로리가 매우 낮기 때문에 많이 먹어도 살찔 염려가 없는 대표적인 다이어트 식품이다. 오이에 풍부한 비타민C는 신진대사를 원활하게 하고 감기를 예방하며, 피로와 갈증을 풀어준다. 인공적으로 합성한 비타민C와 달리 체내에 들어가서도 우수한 항산화 작용을 비롯해 여러 가지 생리활성을 보이므로 채소나 과일에 들어 있는 자연 상태의 비타민C를 많이 섭취하는 것이 좋다.

아토피를 낫게 하는 맛있는 제철 요리 · 여름

홍합 당면 샐러드

홍합에는 아연과 셀레늄이 많이 들어 있어 아토피 피부염을 낫게 하는 데 좋은 역할을 하지요. 피시 소스를 넣은 태국식 홍합 당면 샐러드로 새콤하게 즐겨 보세요.

들어가는 재료

홍합 살 50g, 당면 100g, 샐러리 1/2대, 양파 1/4개, 참외 1개, 토마토 1개, 베이비 채소 적당량, 땅콩 약간, 갑오징어 1/2마리, 파인애플 50g

드레싱 레몬즙 2큰술, 피시소스(또는 액젓) 2큰술, 파인애플주스 5큰술, 사과식초 2큰술, 조청 2큰술, 다진 마늘 1/3작은술

만드는 법

1. 당면을 물에 20분간 불렸다가 끓는 물에 삶고 찬물에 헹궈 물기를 뺀다.
2. 갑오징어의 껍질을 벗기고 1×4cm 크기로 썰어 홍합 살과 함께 끓는 물에 데친다.
3. 참외의 껍질과 씨를 제거하고 가늘게 채 썬다.
4. 파인애플은 1×1cm 크기로 썰고 베이비 채소는 씻어둔다.
5. 준비한 재료를 섞어 드레싱을 만든다.
6. 샐러리와 양파를 채 썰고 토마토는 굵게 채 썬다.
7. 당면을 비롯해 손질한 재료를 그릇에 담고 드레싱을 끼얹은 다음 다진 땅콩을 뿌린다.

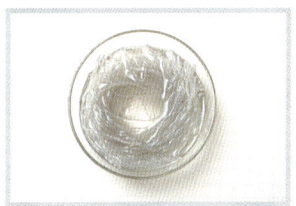  

- 홍합, 갑오징어 대신 다른 제철 해산물을 사용해도 좋다.
- 참외를 섞으면 단맛과 아삭거리는 느낌을 더할 수 있다.
- 견과류나 매운맛에 아토피 반응이 있는 경우 땅콩과 양파는 재료에서 뺀다.

홍합 여성을 위한 최고의 음식

동서고금을 막론하고 조개와 아름다운 여성은 관련이 매우 깊다. 보티첼리의 유명한 그림인 '비너스의 탄생'을 보면 서양의 대표미인인 비너스가 커다란 조개에서 태어났음을 알 수 있다. 중국의 〈수신기(搜神記)〉에 나오는 미녀인 백수소녀(白水素女) 역시 큰 조개 속에서 태어났고, 나중미부(螺中美婦)라 불리는 한국 설화 속의 조개아씨, 고동아씨나 우렁각시 등도 조개류에서 태어났다.

이처럼 여성과 관련이 깊은 조개 중에서도 제일 밀접한 것이 홍합이다. 오죽 관련이 깊으면 이 시진의 〈본초강목〉에서는 홍합을 '동해부인'이라고 불렀겠는가. 이는 '동해에서 많이 나는, 부인에게 아주 좋은 조개'라는 뜻이다.

〈동의보감〉은 홍합인 담채(淡菜)에 대해 이렇게 적고 있다. "홍합을 섭조개라고도 한다. 성질이 따뜻하고[溫] 맛이 달며[甘] 독이 없다. 오장을 보하고 허리와 다리를 든든하게 하며 음경이 일어서게 하고 허손되어 여위는 것과 몸 푼 뒤에 피가 뭉쳐서 배가 아픈 것, 징가(아랫배 속에 덩어리가 생긴 병증), 붕루(비정상 자궁 출혈), 냉대하 등을 치료한다.

바다에서 나는데 한쪽이 뾰족하고 가운데 잔털이 있다. 각채(殼菜) 또는 동해부인(東海夫人)이라고도 한다. 생김새는 아름답지 못하나 어느 때나 채취해 삶아 먹으면 사람에게 매우 좋다. 바다에서 나는 것은 다 짜지만 이것만은 맛이 슴슴하기 때문에 담채라고 한다. 민간에서는 홍합이라고 한다."

송나라의 명의 당신미(唐愼微)가 저술한 〈증류본초(證類本草)〉에도 "홍합은 허로손(虛勞損)을 보하고 출산 후의 혈결(血結)과 복내냉통(腹內冷痛)을 다스리며 징가(癥痂)와 요통을 치료하고 모발을 윤택하게 하며 붕중대하를 치료한다. 불에 익혀 배부르도록 한 번에 먹는다."라고 하여 몸과 마음이 허약하고 피로한 증상인 허로손을 치료하고 배를 따뜻하게 만들어주며 종양과 요통을 치료하며 모발을 윤택하게 하고 부정기 출혈이나 냉대하 등 부인질환에 뛰어난 효과가 있다고 설명하고 있다.

1460년에 세조의 명에 의해 어의 전순의가 쓴 우리나라 최초의 식이서인 〈식료찬요(食療纂要)〉에서도 이러한 홍합의 효능을 인정해 각종 부인과 질환에 거의 빠뜨리지 않고 홍합을 썼을 정도다.

홍합에는 비타민A를 비롯해 타우린과 철분이 풍부하다. 특히 아연과 셀레늄이 많이 포함되어 아토피 피부염의 개선에도 많은 도움이 된다.

홍합에는 암수가 있는데 살의 색깔을 보고 구분한다. 암컷은 적황색(붉은색), 수컷은 유백색(흰색)을 띠고 있다. 암컷이 더 맛있다고 하는 사람들이 많지만 객관적인 맛의 차이는 없는 것으로 알려져 있다.

한의학박사와 요리전문가가 함께 만든 건강 레시피
아토피를 낫게 하는 맛있는 제철요리

가을

토란 두유 파스타 (2인분)

느끼한 크림 파스타 대신 담백한 두유 파스타를 만들어 보세요. 피부 건강에 좋은 아삭아삭 토란과 쫄깃하고 몸에 좋은 쌀국수, 두유로 만든 별미 요리입니다.

들어가는 재료

토란 100g, (식초 1큰술, 소금 1큰술) 닭 가슴살 100g, 청주 2큰술, 양파 30g, 올리브유 2큰술, 맛술 2큰술, 쌀국수면 100g, 연근 20g, 흑임자가루 1큰술, 다진 마늘 약간, 자염 1/2작은술, 검은콩 두유 400mL(2컵)

만드는 법

1 소금과 식초를 넣은 쌀뜨물에 토란을 푹 삶은 후 깍둑썰기 한다.
2 청주를 넣은 물에 닭 가슴살을 삶은 후 찢어 놓고 양파는 곱게 채 썬다.
3 연근은 슬라이스하여 찬물에 담가 전분기를 제거하고 170도의 오븐에 5~10분간 굽는다.
4 쌀국수면은 30분간 물에 불렸다가 끓는 물에 넣고 5분간 삶는다.
5 팬에 올리브유를 두르고 다진 마늘을 넣어 볶다가 닭 가슴살을 넣고 맛술을 넣어 향을 낸 후 양파와 토란을 넣어 센 불에서 볶는다.
6 5에 검은콩 두유 400mL를 넣고 끓이다가 삶은 면과 흑임자가루를 넣고 자염으로 간하여 살짝 볶듯이 끓인다.
7 6을 보기 좋게 그릇에 담고 구운 연근을 올려 장식한다.

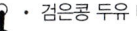
- 검은콩 두유 대신 일반콩 두유를 사용해도 된다.
- 단맛을 좋아하면 조청을 조금 첨가한다.
- 토란의 아린 맛을 제거하려면 소금과 식초를 넣은 쌀뜨물에 삶는다.
- 연근 같은 뿌리 식물을 튀기거나 구우면 과자처럼 먹을 수 있어 아이들이 좋아한다. 연근 외에 다양한 뿌리 식물로 아이들과 함께 요리를 해보자.

토란 두부보다 칼로리 낮은 미용식

'알토란'이라는 말이 있다. '알토란 같은 내 돈'이라든가 '알토란 같은 내 새끼'처럼 매우 중요하다는 의미로 쓰인다.

〈조선왕조실록〉 정조 22년(1798년) 6월 5일 기록을 보면 "흉년의 기근을 구제하는 공이 서쪽 지방의 토란이나 남쪽 지방의 고구마보다 월등히 나은 것은 오직 메밀이므로, 내가 이 때문에 혹 모를 심지 못하고 철을 넘긴 때를 만나면 반드시 이 메밀을 대신 파종하도록 권장한다."라는 내용이 나온다. 기록에서 보듯이 토란은 중국, 우리나라, 일본 등지에서 흉년에 곡식을 대신하는 매우 귀한 구황작물의 하나였다. 수많은 민초들의 목숨을 이어준 먹을거리니 어찌 귀중하지 않았을까.

다산 정약용의 〈다산시문집〉 제5월 중에는 "특히 토란을 많이 심은 것은(蹲鴟特連畦) / 옥삼(토란에 쌀가루를 섞어 끓인 죽을 옥삼갱 -玉糝羹-이라고 함.)이 입맛에 맞아서라네(玉糝頗可口)."라는 구절이 있다. 여기서 토란을 준치(蹲鴟)라고 하는데, '썩어도 준치'라고 할 때 그 생선이 아니라 토란의 모양이 올빼미가 웅크린 것 같다고 하여 붙인 이름이다.

영화 〈식객〉에도 토란대의 별명인 준치몸이 나온 바 있다. 성찬이 양지 삼겹, 제주도 고사리, 고추기름, 준치몸 등으로 육개장을 만든다. 그 육개장 해설에서 "이 소고기 탕에는 조선의 모든 것이 들어 있습니다. 평생 묵묵히 밭을 가는 소는 조선의 민초요, 고추기름엔 맵고 강한 조선인의 기세가, 어떤 병충해도 이겨내는 토란대에는 외세의 시련에도 굴하지 않아야 할 이유가, 고사리에는 들풀처럼 번지는 생명력이 담겨 있습니다."라고 하였다.

실제로 토란은 농약 한 방울 주지 않아도 쑥쑥 자라서 안심하고 먹을 수 있는 식품이다. 어릴 적 집 텃밭에 토란을 많이 심어서 할머니와 같이 손톱 밑이 새까매지도록 토란대 껍질을 까던 기억이 난다.

전통적으로 추석에는 토란탕을 먹어왔다. 조선시대 정학유의 〈농가월령가〉 8월령에 "마른 명태 젓조기로 추석명절 쇠어보세. 햅쌀로 빚은 술, 올벼로 만든 송편 박나물 토란국을 조상께 제물로 바치고 이웃집과 나눠 먹세."라는 대목이 있는 것을 보아도 이런 전통을 알 수 있다.

토란은 우자(芋子)라고도 하는데 〈동의보감〉에서는 "성질이 평(平)하고(차다[冷]고도 한다.) 맛이 매우며[辛] 독이 있다. 장위(腸胃)를 잘 통하게 하고 살과 피부를 든든하게 하며 중초를 잘 통하게 하고 굳은 피를 헤치며 굳은살을 없앤다. 생것은 독이 있어 목이 알알하여 먹을 수 없다. 성질이 미끄럽다. 익히면 독이 없어지고 세게 보한다. 가운데 돋아난 싹을 우두(芋頭)라고 하고, 그 둘레에 붙어 있는 것을 토란이라고 한다."라고 적어 토란이 피부 건강에도 좋다고 밝히고 있다.

식이섬유가 풍부한 토란은 변의 양을 늘려 변비를 예방해주고, 칼륨이 풍부해 나트륨의 배출을 도와 부종을 없애준다. 게다가 열량이 100g당 58kcal 정도로 84kcal인 두부보다 훨씬 적어서 엄마들의 비만 예방 미용식으로도 그만이다.

> 토란은 약간 아린 맛이 나는데, 쌀뜨물 또는 소금물에 담그거나 삶으면 아린 맛을 없앨 수 있다. 또한 토란은 반드시 익혀 먹어야 한다.

아토피를 낫게 하는 맛있는 제철 요리 · 가을

129

치자 가래떡 잡채 (2~3인분)

밀가루보다는 우리 쌀을 이용한 요리를 많이 해 드세요. 쌀떡과 다양한 채소, 건강에 좋은 흑임자를 넣고 간장으로 조리하면 아토피 환자들도 부담 없이 먹을 수 있어요.

들어가는 재료

새송이버섯 200g, 표고버섯 200g, 간장 1큰술, 조청 1큰술, 흑임자기름 1큰술, 다진 마늘 1작은술, 후춧가루 약간, 포도씨유 약간, 양파 1/2개, 노란 파프리카 1/2개, 빨간 피망 1/2개, 치자 가래떡 400g, 흑임자기름 1큰술, 간장 1큰술

양념장 간장 3큰술, 참치액 2작은술, 다시마 육수 1/2컵(100ml), 조청 2큰술, 후추 약간, 흑임자가루 1큰술, 흑임자기름 2큰술

만드는 법

1. 새송이버섯, 표고버섯을 깨끗이 손질해 5cm 길이로 채 썬다.
2. 양파, 노란 파프리카, 붉은 피망을 같은 길이로 맞추어 채 썬다.
3. 치자 가래떡에 간장, 흑임자 기름을 넣고 버무려 둔다.
4. 양념장을 만든다.
5. 팬에 포도씨유를 두르고 마늘을 볶은 다음 표고, 새송이버섯, 간장 조금을 넣어 볶다가 붉은 피망, 노란 파프리카, 양파도 함께 넣어 볶는다.
6. 5에 양념해둔 떡, 양념장을 넣고 함께 볶는다.
7. 어느 정도 볶아지면 흑임자가루와 흑임자기름을 넣어 버무리듯 볶는다.

- 치자 가래떡 만들기: 치자를 깨끗이 손질하여 미지근한 물에 30분간 담가 우려낸다. 치자 우린 물을 넣어 쌀을 불린다. 불린 쌀을 방앗간에서 빻아 치자 가래떡을 뽑는다.
- 버섯은 오랫동안 물에 담가 두거나 껍질을 벗기면 효소작용으로 상처 부위가 검어지고 향이 사라지므로 재빨리 씻어 준비한다.
- 쇠고기 알레르기가 없다면 쇠고기를 양념해서 넣어도 좋다.
- 흑임자기름이나 참기름은 조리의 마지막 단계에 넣어야 향이 그대로 유지된다.

우리밀과 쌀 유기농 곡류가 좋다

어른들도 많이 좋아하긴 하지만, 요즘 아이들이 제일 좋아하는 음식 중 하나가 라면일 것이다. 수입 밀로 만든 라면을 먹어도 별 탈이 없다면 모르지만, 알레르기나 아토피가 있는 아이들에게는 문제가 아닐 수 없다.

수입 밀에 포함된 방부제와 살충제 등 독성 화학약품들이 문제를 일으키는 주범의 하나다. 이러한 물질들 때문에 수입 밀가루를 사서 먹다가 한참 뒤에 봉지를 다시 열어보아도 곰팡이나 벌레를 볼 수 없다. 반대로 우리밀은 장마철 같은 경우 냉동실에 넣지 않으면 3일을 못 넘기고 곰팡이 범벅이 된다.

수입 밀 중에는 미국산이 가장 많다. 미국에서 생산된 도정 전 밀의 대부분은 남부지망인 뉴올리언스로 모아져 화물선에 실려 적도 항로를 통해 근 한 달 만에 부산이나 인천의 밀 가공공장으로 들어온다. 항해기간은 통상 15~40일, 게다가 적도를 지날 때 화물선의 갑판 온도는 60℃까지 올라간다고 한다. 갑판 아래 산처럼 쌓여 있는 밀을 상하지 않게 하려면 어떤 방법을 써야 할까? 한번 상상해보기 바란다.

우리 밀에도 문제가 하나 있다. 수입 밀이든 우리 밀이든 쫄깃쫄깃한 특성을 만들어내는 글루텐이라는 단백질은 아토피나 알레르기 혹은 셀리악병(celiac disease)과 관련이 매우 깊다. 셀리악병은 소장에서 생기는 유전성 알레르기 질환으로, 이 병에 걸리면 글루텐에 대한 과민반응으로 소장 상피세포가 파괴되어 흡수장애가 생긴다. 최근 역학조사에 따르면 세계 인구의 1% 정도가 셀리악병을 앓고 있을 정도로 흔한 식품 과민증이다. 그래서 식품가공 분야에서는 글루텐이 들어 있지 않은(gluten-free) 곡류 상품의 품질, 안전성, 영양가 등을 높이기 위해 여러 가지 첨단 기술들을 동원해 노력하고 있지만 글루텐만의 독특한 탄력성 때문에 좋은 품질의 글루텐프리 상품을 만드는 데 큰 어려움을 겪고 있다고 한다.

실상이 이렇다고 하여 면을 좋아하는 아이에게 하루아침에 면을 먹지 말라고 할 수는 없는 일. 그래서 대안으로 쌀국수나 우리밀로 만든 면 등을 먹이는 게 좋지 않을까 한다. 수

입밀로 만든 면보다는 그래도 좀 나을 테니까. 빵도 마찬가지다. 또한 쌀을 불려서 방앗간에 가져가 가래떡이나 떡볶이떡을 뽑아서 요리를 해줘도 잘 먹는다.

필자는 1년에 두어 번쯤 쌀을 사서 집에서 불린 후 체로 받쳐 아이들과 함께 동네 방앗간으로 간다. 아이들에게 가래떡 만드는 과정을 보여주고 이런저런 설명과 함께 엄마 아빠 어렸을 적 이야기도 해준다. 그러면 아이들도 재미있어 하고, 나중에 그 가래떡과 떡볶이떡으로 음식을 만들어주면 맛나게 잘 먹는다.

가끔 라이스페이퍼를 사다가 월남 쌈도 해 먹이자. 우리 민족을 이루는 퍼즐 조각 중 가장 큰 조각이라고 할 쌀과 아이들을 친하게 하라. 그러면 아토피도 도망갈 것이다.

쌀국수를 곁들인 낙지 떡볶이 (2~3인분)

떡볶이에 국수를 더하면 색다른 요리로 변신합니다. 여기에 타우린이 많이 들어 있는 낙지를 곁들이면 풍부한 영양의 특별식이 되지요.

들어가는 재료

가래떡 또는 떡볶이떡 400g, 낙지 1~2마리, 양파 50g, 생표고버섯 2장, 다진 마늘 1작은술, 애호박 1/2개, 링어묵 50g, 전분 1큰술, 식용유(포도씨유) 약간, 자염 약간, 쌀국수 50g

양념 간장 2큰술, 조청 2큰술, 표고버섯가루 1작은술, 물 1컵, 생강즙 1큰술, 흑임자기름 1작은술, 청주 1큰술, 흑임자기름 1작은술, 후춧가루 약간, 다진 마늘 1작은술

만드는 법

1. 흑임자기름을 제외한 양념재료를 섞어 양념을 만든다.
2. 쌀국수를 물에 30분간 불린다.
3. 낙지를 깨끗이 손질하여 3cm 길이로 썰어 준비한다.
4. 가래떡을 4cm 길이로 썰어 양념장 3큰술에 재워둔다.
5. 양파, 링어묵, 표고버섯을 굵게 채 썰고, 애호박은 반달썰기 한다.
6. 팬에 식용유(포도씨유)를 두르고 마늘을 볶다가 양파와 표고, 애호박, 링어묵을 넣고 자염, 후추로 살짝 간한다.
7. 6에 재워둔 떡과 낙지를 넣고 볶다가 양념장, 불린 쌀국수를 넣고 볶듯이 익힌다.
8. 흑임자기름을 둘러 마무리한 후 접시에 담는다.

- 직접 빻은 쌀로 만든 가래떡이나 떡볶이떡을 쓰도록 한다.
- 쌀국수는 찬물에 30분~1시간 불리면 쫄깃한 질감을 살릴 수 있다.
- 봄철에는 낙지 대신 주꾸미로 대체할 수 있다.
- 낙지는 조리 중간 단계에 넣어야 질기지 않게 먹을 수 있다.

두부소스에 버무린 낙지 샐러드

시판 마요네즈를 쓰는 대신 두부마요네즈를 만들어 먹어 봅시다. 어떤 샐러드에도 잘 어울리는 요술 아이템으로, 빵과 함께 먹어도 맛있어요.

들어가는 재료
감자 1개, 낙지 1마리(대), 소금 약간, 브로콜리 1/2개, 사과 1/2개, 우엉칩 약간
두부마요네즈 두부 1/2모, 카레가루 1작은술, 레몬즙 1작은술, 식초 2큰술, 조청 3큰술, 자염 1/2작은술

만드는 법
1 감자와 브로콜리, 사과를 2×2cm 크기로 썬다.
2 낙지의 내장을 떼어내고 비벼 씻어 끓는 소금물에 데친 후 채소와 비슷한 크기로 썬다.
3 브로콜리를 끓는 소금물에 살짝 데쳐내고 감자는 10분간 끓여 푹 익힌다.
4 두부를 살짝 데치고 믹서에 두부마요네즈 재료를 넣고 크림 상태가 될 때까지 간다.
5 익힌 감자, 브로콜리, 낙지와 사과를 볼에 넣고 두부마요네즈를 넣은 후 고루 버무려 담고 우엉칩을 얹어 낸다.

- 두부마요네즈에는 카레가루 대신 건과일을 함께 갈아 넣어도 좋다.
- 두부마요네즈는 샐러드 외에 여러 채소를 찍어먹는 딥(dip)이나 햄버거의 스프레드(spread)로 활용할 수 있다.

문어 브로콜리 볶음

문어 브로콜리 볶음은 한 끼 반찬으로 훌륭합니다. 브로콜리는 비타민과 무기질이 풍부한 녹색의 영양덩어리지요. 쫄깃한 문어와도 잘 어울려요.

들어가는 재료

브로콜리 1송이, 문어 400g, 식초 2큰술, 자염 1/2작은술씩, 식용유 1큰술

간장소스 마가린 1작은술, 채 썬 마늘 5g, 간장 2큰술, 물 1큰술, 청주 혹은 맛술 1큰술, 백후추 약간, 오미자청 1/2큰술, 조청 1큰술, 흑임자기름 1작은술

만드는 법

1. 문어는 내장을 빼내고 굵은 소금으로 세게 문질러 비빈 후 식초 2큰술을 넣은 물에 20분간 삶는다.
2. 1의 문어를 1cm 크기로 썬다.
3. 브로콜리는 굵은 줄기를 잘라내고 2×2cm 크기로 썬다.
4. 끓는 소금물에 손질한 브로콜리를 넣어 살짝 데친다.
5. 팬에 마가린을 녹이다가 채 썬 마늘을 넣고 간장, 오미자청, 조청, 맛술, 물, 후추를 넣어 끓인다.
6. 5에 데친 브로콜리와 문어를 넣어 고루 버무리듯이 볶은 후 흑임자기름을 살짝 뿌려 낸다.

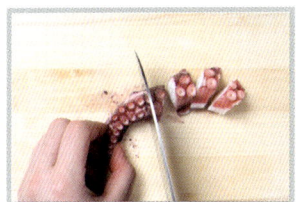  

- 문어는 소금을 사용해 비벼 씻어야 끈적끈적한 물질과 비린내가 제거된다.
- 문어는 식초를 넣은 물에 삶거나 무를 넣고 삶으면 육질이 연해진다.
- 마가린에 알레르기가 있다면 포도씨유나 카놀라유로 대체한다.
- 기호에 따라 다양한 해산물이나 채소를 넣어 조리한다.
- 어른들이 먹을 때는 청양고추를 곁들여 조리하면 매콤하게 즐길 수 있다.

해물 녹차 핫바 (2인분)

생선과 해물을 직접 갈아 만든 해물어묵은 첨가물 걱정 없이 먹을 수 있는 별미 요리지요. 녹차가루를 넣어 느끼하지 않고 담백해요.

들어가는 재료
문어 살 200g, 흰살 생선 300g, 당근 1/2개, 양파 1/4개, 완두콩 1큰술, 표고버섯 1개, 감자 전분 1/3컵, 녹차가루 1작은술, 자염, 조청, 후추 1/3작은술씩, 카놀라유 1/2컵

만드는 법
1 흰살 생선은 껍질을 벗기고 문어 살은 깨끗이 손질하여 커터기에 곱게 갈거나 다진다.
2 당근, 양파, 버섯, 완두콩도 커터기에 갈거나 다진다.
3 다진 문어 살, 흰살 생선과 다진 채소, 감자전분, 녹차가루, 자염, 조청, 후추(1/3작은술씩)를 볼에 넣고 고루 버무린 후 치댄다.
4 반죽을 펴서 네모지게 모양을 잡는다.
5 기름을 불에 올려 튀김온도가 되면 모양을 잡은 반죽을 넣어 튀긴 후 꼬지에 꽂는다.

- 꼬지에 꽂지 않고 작은 모양으로 튀기면 어묵 조림으로 먹을 수 있다.
- 평소에 아이들이 잘 먹지 않는 채소를 함께 넣어 만들어보자.
- 반죽을 고루 치대야 끈기와 찰기가 생겨 모양을 잡기 쉽다.
- 항산화 효과가 있는 녹차가루를 넣는 것도 건강에 도움 된다.
- 기호에 따라 데리야키 소스 등을 곁들인다.
- 햄버거 패티 모양으로 만들어 쌀빵에 끼워 먹어도 별미다.

낙지와 문어 산삼에 비유되는 고단백 식품

박찬욱 감독의 영화 〈올드보이〉가 2005년 초 마이애미 국제영화제(MIFF)에서 상영되었을 때 마이애미 헤럴드지의 기자 르네 로드리게스는 "주인공(오대수)이 살아 꿈틀대는 낙지를 먹는 장면을 눈여겨 보라."고 기사에 썼다. 낙지류를 '바다괴물'쯤으로 여겨 먹는 것은 생각조차 못하는 미국인이 대부분이라, 죽은 것도 아닌 산 낙지를 먹어치우는 장면은 서양인들에게 '문화적 충격' 그 자체였던 것이다.

영어권에서는 낙지나 문어를 '지옥어'라고 하여 이승의 고기로 여기지 않았고, 액션 코미디 영화인 〈맨인블랙〉 같은 영화에서도 녹색 피부의 문어나 낙지 모양의 외계인이 많이 나온다.

영어권에서 문어의 대표적인 이미지는 노르웨이와 아이슬란드의 해역에 산다는 신화 속의 거대한 바다 괴물 크라켄(Kraken)이다. 영화 〈캐리비안의 해적 : 망자의 함〉에서 플라잉 더치맨의 선장 데비 존스가 다루는 괴물로 등장하기도 했다.

문어는 제국주의의 상징으로도 사용되었다. 유태인 자본의 유럽 지배나 제2차 세계대전 중 영국의 식민 지배, 일본의 동남아 침략 등을 나타내는 포스터에 문어 이미지가 자주 등장하곤 했다.

동양에도 문어에 대해 다소 부정적인 이미지가 있다. 문어 두 마리가 상대의 발을 잘라 먹느라 서로의 발이 얽힌 채 붙잡히는 경우가 있는데, 이에 빗대 철천지원수인양 서로에게 해가 되는 행위를 일컬어 '문어사랑'이라고 했다.

문어는 구멍에 들어가기를 좋아하는 습성이 있어 단지로 문어를 잡는다. 문어는 단지에 갇히면 제 살을 뜯어먹으며 길게는 반년까지 버틴다고 한다. 이런 극한상황을 '문어방'이라고도 했다.

문어는 먹물을 내뿜는다고 해서 글월 문자가 들어간 문어(文魚)라 높여 부르고, 조상들 제사상에 빠지지 않고 올라가 몸값이 꽤나 비싸다. 하지만 문어나 오징어 먹물로 쓴 글은 금방 희미해지기 때문에 믿지 못할 약속을 문어묵계(文魚墨契)라 하여 간혹 굴욕도 당한다.

어류를 날로 먹는 나라가 우리나라와 일본 말고는 별로 없는데 일반 생선도 아닌 낙지를, 그것도 살아서 꿈틀대는 산 낙지를 먹는 나라는 아마도 우리나라뿐 아닐까 한다.

실학자 이익의 〈성호사설〉 만물문에는 다음과 같은 이야기가 나온다.

"임진년 난리 때 천장(天將 : 명나라 장수)

이 편지를 보내서 맛살조개를 구해달라고 청했다. 우리나라에서는 그 맛살조개가 가리합(嘉里蛤)인 줄 모르고 다만 대답하기를, '우리나라에는 이런 물건이 생산되지 않는다.' 라고 했다. 이에 천장은 자기를 속인다고 몹시 성을 내기까지 하였다. 하루는 천장이 계두(桂蠹)를 바쳤다. 이는 계수나무 속에 생긴 좀벌레로서 빛깔은 붉고 맛은 맵고 향기로웠다. 남월왕(南越王)이 중국에 공물을 바칠 때 비취는 40쌍까지 바쳐도 계두는 겨우 한 그릇밖에 바치지 않았다고 하니, 계두가 얼마나 희귀한 것인지 짐작할 수 있다. 그런데 주상은 젓가락 대기를 주저하며 즐겨 먹지 않았다. 조금 후에 문어갱(文魚羹)을 올렸는데 문어란 것은 바로 팔초어(八梢魚)다. 그런데 이번에는 천장이 난처한 빛을 보이며 먹지 않았다. 사람들이 전하는 말에 의하면, 문어는 우리나라에서만 생산되는 까닭에 천장이 처음 봤기 때문이라고 한다."

이러한 기록을 보면 이것저것 안 가리고 먹을 수 있는 것은 다 먹는다는 중국 사람들조차 낙지나 문어와는 친하지 않았다는 것을 알 수 있다.

낙지를 한자어로 석거(石距), 낙제(絡蹄), 소팔초어(小八梢魚)라고 한다. 정약전의 〈자산어보〉에서는 문어를 장어(章魚)라고도 하여 "맛은 달며, 전복과 비슷하여 회에 좋고 말려 먹어도 좋다. 배에 물체가 있는데 시속에서 부르기를 온돌(溫突)이라고 한다. 이 온돌은 능히 종기를 고친다. 물에 개어 단독(丹毒)에 바르면 신통한 효과가 있다."라고 설명했다. 또한 낙지에 대해서는 "큰 놈은 4~5자이고 문어를 닮았으나 발이 더 길다. 머리는 둥글고 길며, 즐겨 진흙탕 구멍 속에 든다. 9~10월이면 뱃속에 밥풀과 같은 알이 드는데 즐겨 먹을 수 있다. 빛깔이 하얗고 맛은 감미로우며, 회나 국 및 포에 좋다. 이것을 먹으면 원기가 돋는다. 말라빠진 소에게 낙지 서너 마리를 먹이면 곧 강한 힘을 갖게 된다."라고 하였다.

〈동의보감〉에는 문어와 낙지 모두 "성질이 평(平)하고 맛이 달며(甘) 독이 없다."라고 그 효능을 설명하고 있다.

영양성분을 살펴보면 단백질과 무기질, 칼슘, 인 등이 풍부하며 강장효과가 뛰어난 타우린 성분을 다량 함유한 고단백 영양식품이다. 그래서 낙지는 '갯벌의 산삼'이라고들 한다.

마 아욱전

마는 '산에서 나는 장어'라고 할 정도로 건강에 좋고, 아욱에는 상당량의 단백질과 칼슘이 들어 있어요. 허약한 아이들의 기운을 돋워 주는 좋은 음식입니다.

들어가는 재료
마 100g, 아욱 50g, 홍합 살 200g, 청주 1큰술
반죽 재료   부침용 쌀가루 1컵, 찬물 1과 1/3컵, 국간장(혹은 까나리액젓) 1큰술, 포도씨유 1큰술
양념장   간장 4큰술, 맛술 1큰술, 물 1큰술, 다진 마늘 1작은술, 흑임자기름 1큰술, 흑임자 약간

만드는 법
1 마의 껍질을 벗기고 깨끗이 씻는다.
2 홍합 살을 깨끗이 씻어 물기를 빼고 끓는 물에 청주를 넣고 살짝 데친다.
3 마와 아욱을 5cm 길이로 채 썬다.
4 볼에 부침용 쌀가루, 찬물, 국간장, 포도씨유를 넣고 묽게 반죽한다.
5 4의 볼에 마와 아욱, 홍합을 넣어 섞는다.
6 팬에 기름을 두르고 뒤집어 가며 앞뒤로 노릇하게 익힌다.
7 양념장을 만들어 곁들인다.

- 홍합 살은 한번 데쳐 사용해야 전을 구울 때 물기가 생기지 않는다.
- 마의 씹는 맛이 부담스럽다면 다지거나 갈아서 사용한다.

마와 아욱 입맛을 돋워주는 좋은 짝꿍

아토피로 오래 고생하다 보면 아이나 엄마나 스트레스가 쌓이고 걱정이 늘어간다. 그러다 보면 입맛이 날 수가 없다. 한의학에서는 소화를 담당하는 비장의 기운이 좋아서 음식을 잘 먹고 잘 소화시킬 수 있으면 어떠한 질환도 치료가 어렵지 않다고 본다.

그런 의미에서 마와 아욱은 스트레스와 근심걱정으로 지친 비장의 기운을 끌어올려 입맛을 돋워주는 좋은 짝꿍이라고 하겠다.

마는 산약(山藥)이라고도 하고 서여(薯蕷)

라고도 하는데 〈동의보감〉은 "성질은 따뜻하고[溫](평(平)하다고도 한다.) 맛이 달며[甘] 독이 없다. 허로(虛勞)을 보하며 오장을 충실하게 하고 기력을 살려 살찌게 하고, 힘줄과 뼈를 튼튼하게 한다. 심규(心孔)를 잘 통하게 하고 정신을 안정시키며 의지를 강하게 한다."라고 하였다. 그만큼 입맛이 없고 살이 잘 붙지 않는 허약한 아이들에게 아주 좋은 음식이다.

아욱은 규채(葵菜)라고 한다. 〈동의보감〉에서는 "오장의 막힌 기운을 통하게 한다. 한 달에 한 번씩 아욱을 먹으면 장부가 잘 통하게 된다. 채소의 으뜸이다."라고 하여 칭찬을 아끼지 않고 있다.

〈동의보감〉에는 "비는 하늘에서는 습(濕)이고, 땅에서는 토(土)이며, 괘에서는 곤괘(坤卦)이고, 몸에서는 육(肉)이며, 오장에서는 비(脾)이고, 빛깔에서는 누런빛이며, 음에서는 궁(宮)이고, 소리에서는 노래이며, 병적 변화에서는 딸꾹질이고, 구멍에서는 입이며, 맛에서는 단맛이고, 뜻에서는 생각하는 것(思)이며, 액은 침(涎)이고, 그 상태가 드러나는 것은 입술이며, 냄새는 향기로운 냄새이고, 숫자는 5이며, 곡식은 기장이고, 가축은 소이며, 동물은 털 없는 동물이고, 과실은 대추이며, 채소는 아욱이다."라고 하여 아욱이 비장의 기능과 매우 밀접한 관련을 가지고 있음을 설명하고 있다. 입맛을 잃었을 때 구수한 아욱국을 먹어 입맛이 돌아오고 기운을 차렸던 경험을 해본 독자들도 적지 않을 것이다.

아욱에는 상당량의 단백질과 지질이 들어 있다. 칼슘도 시금치보다 2배나 많다. 그러므로 비장의 기운이 약하여 입이 짧은 아이들에게 아욱을 자주 먹이면 좋은 효과를 볼 수 있다. 또한 피부병의 일종인 천행반창(天行斑瘡)과 관련해 "아욱 잎(규채엽)을 데쳐서 마늘 양념을 해 먹으면 며칠 사이에 곧 낫는다."라고 하였으니, 피부질환에도 효험이 있음을 알 수 있다.

알아두면 좋아요

- 파인애플 캔 대신 파인애플을 사용해도 되는데 이때는 조청의 양을 살짝 더 늘린다.
- 거칠게 갈아야 건과일의 질감이 살아난다.
- 건과일소스는 샐러드, 샌드위치, 스프레드, 잼, 고기소스 등으로 다양하게 사용할 수 있다.
- 볶을 때 타지 않게 잘 저어가며 끓인다.
- 많이 만들어 보관해 두고 먹을 수 있다.

가을 아토피를 낫게 하는 요리 소고기 건과일 피자 (2~3인분)

피자는 특히 어린이 아토피의 주범으로 꼽히지만 집에서 '웰빙피자'를 만들어 즐긴다면 문제가 없겠지요. 아토피 개선에 좋은 무화과와 여러 채소를 활용해 만든 맛있는 피자입니다.

들어가는 재료

소고기(등심) 100g, 청주 2큰술, 건무화과 2개, 빨간 파프리카 1/2개, 양송이 4개, 모짜렐라치즈 50g, 다진 파슬리 약간, 건과일소스 100g, 또띠아 2장

만드는 법

1 청주를 넣은 끓는 물에 소고기를 넣어 데치듯 익힌 후 찬물에 헹군다.
2 파프리카와 소고기를 채 썰고 양송이는 슬라이스한다.
3 무화과는 6등분한다.
4 또띠아에 건과일소스를 바르고 소고기, 무화과, 양송이, 파프리카, 모짜렐라치즈를 뿌려 180도의 오븐에 3분간(치즈가 녹을 때까지) 굽는다.
5 4에 다진 파슬리를 살짝 뿌려 낸다.

건과일소스 만들기

건무화과 15개, 건살구 20개, 사과 2개, 건포도 3큰술, 파인애플 캔 1/2, 물 2컵, 조청 2큰술, 식초 1큰술

1 믹서에 썰어놓은 무화과와 사과, 건살구, 파인애플 캔을 담는다. 2 1을 약간 거칠게 간다(약 3분). 3 냄비에 건포도와 2를 부어 저어가며 15분간 끓인 후 물, 식초, 조청을 넣어 연한 갈색 빛이 돌 때까지 저어가며 15분간 더 끓인다.

- 치즈에 아토피 반응이 있다면 신선하고 다양한 채소를 곁들여 피자 대신 전병말이로 요리하도록 한다.
- 소고기는 데친 후 사용하거나 팬에 볶아 사용해도 좋다.
- 등심이 질기다면 기름기를 제거한 불고기용 고기를 쓴다.
- 또띠아에 아토피 반응을 보인다면 또띠아 대신 쌀 전병을 쓰거나 쌀빵 위에 토핑하여 만든다.
- 다양한 재료를 응용해 토핑으로 쓸 수 있다.

무화과 콜레스테롤과 혈당, 변비, 치질의 적

무화과(無花果)는 인류 문명의 초창기부터 먹어온 오래된 과실이다. 2만3천 년 전의 것으로 추정되는 이스라엘의 구석기시대 유적지 오할로Ⅱ(OhaloⅡ)에서는 오두막, 화로, 무덤을 비롯하여 식물 잔해들이 발견되었는데 그중에 무화과도 포함되어 있었다.

무화과는 성경에도 나온다. "아담과 하와가 금단의 열매를 따먹고 눈이 밝아져서, 자기들이 벗은 줄 알고 무화과나무 잎을 엮어서 치부를 가렸다(창세기 3:6~7)."라는 기록부터 "이사야가 가로되 무화과 반죽을 가져오라 하매 무리가 가져다가 그 종처(腫處)에 놓으니 히스기아 왕이 나으니라(열왕기하 20:7, 이사야 38:21)."라는 기록도 있다. 무화과를 식용뿐만 아니라 피부질환 치료에도 사용했음을 알 수 있다.

고대 그리스인은 무화과를 중요한 식량으로 여겼는데, 체력 특히 하체의 힘을 증가시켜주어 운동선수들은 무화과 외에 다른 음식은 먹지 않았다고 한다.

1798년(정조 22) 10월 서유문이 청나라에 갔다가 이듬해 4월에 돌아와 적은 기행문인 〈무오연행록(戊吾燕行錄)〉을 보면 "실과에 무화과와 낙화생(落花生, 땅콩)이 있다. 무화과는 절강에서 나는 것이로되 꽃 없이 열매가 맺히고, 크기는 비자(榧子)만 하고 맛은 살구씨 같은 듯하다. 낙화생은 촉 땅에서 나는 것이로되 4월에 꽃이 피고, 그 꽃이 땅에 떨어져 모래 속에 묻히면 스스로 열매가 된다. 콩 꼬투리 같은 껍질을 떼면 둘도 있으며 셋도 있다. 맛이 호두 같은 기이한 실과다."라고 중국에서 무화과와 땅콩을 본 소감을 적고 있다. 이것으로 보아 우리나라에 들어 온 것은 19세기 이후가 될 것이다.

무화과의 껍질에 풍부한 폴리페놀은 강력한 항산화작용을 하며, 상당량의 칼슘과 함께 식이섬유를 많이 갖고 있다. 식이섬유는 소화관을 통과하면서 수분을 흡수하고 배변을 쉽게 해줄 뿐만 아니라, 과다한 콜레스테롤을 떨어뜨리고 혈당을 조절해준다.

하지만 지나친 섬유질 섭취는 칼슘의 흡수를 방해한다는 연구 결과가 2009년 3월에 UT 사우스웨스턴 메디컬센터의 연구진들에 의해서 나왔다. 식이섬유가 몸에 좋다는 데는 이의가 없지만 뼈를 약하게 해서는 곤란하다. 그래서 식이섬유와 칼슘이 모두 풍부한 식품을 먹으라고 권하고 있는데, 그중 하나가 무화과이다.

앞서 '아토피 요리 지침'에서도 언급했듯이 무화과 말고도 우리 민족이 예로부터 즐겨먹던 각종 나물과 해조류에는 풍부한 식이섬유와 함께 우유보다 더 많은 양의 칼슘이 들어 있다. 단지 〈네이처〉나 〈사이언스〉에 발표하지 않았을 뿐, 우리 선조들은 이미 그런 사실을 알고 있었던 것이다.

〈동의보감〉은 무화과에 대해 "맛은 달고[甘] 음식을 잘 먹게 하며 설사를 멎게 한다."라고 하여 소화기를 튼튼하게 하고 장을 편안하게 하는 과일로 여겼다. 그러므로 입맛이 떨어지거나 평소 잘 체하는 아이, 잦은 장염, 변비 혹은 치질로 고생하는 엄마는 무화과를 하루 한두 개씩 먹으면 좋은 치료 효과를 볼 수 있을 것이다. 무화과 잎을 끓여서 좌훈을 해도 치질에 좋다.

〈동의학사전〉에서는 "위를 든든하게 하고 장열을 없애며, 부기를 내리고 독을 푼다. 입맛이 없고 소화가 안 될 때, 이질 변비, 장염, 치질, 부스럼, 옴 등에 쓴다."라고 하여 소화기 질환 외에 여러 가지 피부질환에도 효능이 있음을 설명하고 있다. 무화과를 딸 때 나오는 우윳빛 진액을 사마귀에 바르면 낫는다는 기록도 보인다.

쌀국수와 우렁이 초무침 (2~3인분)

소스나 재료에 따라 다양하게 먹을 수 있는 음식이 우렁이입니다. 칼슘과 철분이 많이 들어 있고 특히 피부미용에 좋지요. 쌀국수와 함께 새콤 매콤하게 즐겨 보아요.

들어가는 재료
쌀국수 100g, 우렁이 살 2컵, 오이 1/2개, 양파 1/4개, 깻잎 5장, 사과 1/2개, 배 1/3개, 도토리묵 80g

우렁이 손질 밀가루 1큰술, 굵은 소금 1큰술

고추장 양념 고춧가루 1큰술, 조청 4큰술, 고추장 3큰술, 다진 마늘 1/2큰술, 식초 7큰술, 자염 1/3작은술, 청주 1큰술, 흑임자기름 1작은술, 흑임자(통깨) 약간

만드는 법
1. 우렁이 살은 밀가루와 굵은 소금으로 문질러 씻은 후 소금물에 살짝 데친다.
2. 오이, 양파, 깻잎, 사과, 배는 모두 채 썰어 준비한다.
3. 도토리묵은 1×1cm 크기로 썰어 준비한다.
4. 고추장 양념 재료를 섞은 후 쌀국수를 제외한 나머지 재료를 함께 넣어 버무린다.
5. 쌀국수는 물에 1시간 불렸다가 끓는 물에 삶은 후 찬물에 헹궈 준비한다.
6. 접시에 쌀국수를 돌려 담고 버무린 초무침을 함께 담아 낸다.

- 우렁이 살은 밀가루와 굵은 소금으로 씻어야 냄새와 이물질이 사라진다.
- 어른이 먹을 때는 풋고추를 함께 넣어 먹어도 좋다. 매운맛에 아토피 반응이 있다면 고춧가루의 양을 줄이거나 빼도록 한다.

모둠 채소와 우렁이 냉채 (2인분)

우렁이는 비타민D가 풍부한 표고버섯과 좋은 궁합을 보여줍니다. 표고버섯을 비롯한 여러 채소와 쌀국수를 준비하면 부담 없이 든든하게 먹을 수 있어요.

들어가는 재료

불린 쌀국수 200g, 우렁이 살 150g, 배 1개, 건표고 5개, 양파 1/2개, 파프리카(색깔별) 각 1/2개, 오이 1개, 식초, 설탕, 자염 약간

우렁이 손질 밀가루 1큰술, 굵은 소금 1큰술

참깨 간장 소스 두부마요네즈 6큰술, 참깨 2큰술, 간장 2큰술, 참기름 3큰술, 식초 3큰술, 조청 3큰술

만드는 법

1. 양파를 곱게 채 썰어 식초와 설탕을 1큰술씩 넣은 물에 20분간 담가 둔다.
2. 파프리카의 씨를 제거하고 배, 오이와 함께 채 썬다.
3. 우렁이 살은 밀가루와 굵은 소금으로 문질러 씻은 후 소금물에 살짝 데친다.
4. 건표고를 물에 불린 후 채 썰어 간장, 흑임자기름에 살짝 볶는다.
5. 참깨 간장 소스 재료를 고루 섞는다.
6. 접시에 쌀국수, 우렁이, 양파, 배, 표고, 오이, 파프리카를 담고 소스를 뿌려 낸다.

- 양파를 식초와 설탕을 넣은 물에 담가두면 아린 맛이 없어진다.
- 어른이 먹을 때는 겨자 소스와 고기 등을 곁들여도 좋다.
- 냉채로 먹어도 좋고 라이스페이퍼로 싸서 쌈으로 먹어도 맛있다.
- 두부마요네즈 만드는 법은 '두부소스에 버무린 낙지 샐러드'편(137쪽) 참조

배 홍시 깍두기

깍두기인 줄 알고 씹었더니 달콤하다? 배 홍시 깍두기가 주는 반전의 묘미지요. 배는 아토피 치료에 좋은 대표 과일입니다. 그냥 먹어도 맛있지만 이렇게 음식으로 만들어 먹으면 더 시원하고 맛있어요.

들어가는 재료
1차 배 2개, 미나리 20g, 자염 1작은술, 조청 1작은술
2차 고춧가루 1큰술, 홍시 2개, 조청 1작은술, 다진 마늘 1/2큰술, 다진 생강 1작은술, 멸치액젓 2큰술, 자염 약간

만드는 법
1 배는 껍질을 벗겨 2cm 크기로 깍둑썰기하고, 미나리는 깨끗이 씻어 3cm 길이로 썬다.
2 깍둑썰기한 배에 조청과 자염을 뿌려 10분 정도 절인다.
3 홍시는 씨를 빼고 체에 받쳐 내린다.
4 절인 배에 고춧가루를 넣고 버무려 물들인 후 마늘, 생강, 액젓, 홍시, 조청을 넣어 잘 버무리고 미나리를 넣어 가볍게 버무린 후 자염으로 간을 맞춘다.

- 배 깍두기는 버무려서 바로 먹는 것이 맛있다.
- 고춧가루의 양념이 강할 경우 양을 줄여 사용한다.
- 아이들에게 먹이기 위한 것이므로 배를 작게 썬다. 단맛이 강하면 조청을 빼고, 단맛을 더 원하면 홍시의 양을 늘린다.
- 조청이나 홍시를 미리 넣으면 진득해지고 걸쭉해지므로 버무리기 직전에 다른 양념과 함께 넣는다.

우렁이 칼슘과 철분이 식품 중 제일

우렁이는 '나중미부(螺中美婦) 설화'로 불리는 우렁각시 설화의 주인공이다. 우렁이는 여성에게 제일 중요한 칼슘과 철분의 함량이 식품 전체에서 거의 최상일 정도로 풍부하다. 게다가 특유의 미끌미끌한 진액에 콘드로이틴이 많아서 피부미용에 효과를 발휘한다. 이래저래 설화 속에서 아름다운 여성과 우렁이의 조합은 선조들의 혜안을 통한 필연이었음을 다시금 알 수 있다.

우렁이는 논우렁이, 논고둥, 강우렁이라고도 하며 한자어로 전라(田螺), 토라(土螺)라고 한다. 경상도 지역에서는 '고디'라고도 부른다.

〈동의보감〉은 전라(田螺)에 대해 "성질이 차고[寒] 맛이 달며[甘] 독이 없다. 열독을 풀고 갈증을 멈추며, 간의 열로 붓고 빨갛게 된 눈을 낫게 하고, 대소변을 잘 나오게 하며 뱃속에 몰린 열을 없앤다. 열을 내리고 술에 취한 것을 깨어나게 한다. 쌀 씻은 물에 담가서 진흙을 뺀 다음 삶아 먹는다."라고 적어 간 기능을 정상화하는 데 효능이 뛰어남을 설명하고 있다.

박지원의 〈열하일기〉에 보면 "수종(水腫)을 다스리는 데는, 논에서 나는 우렁이와 큰 마늘과 차전초(車前草)를 한데 갈아, 큼직한 지짐 떡만큼씩 고약으로 만들어 배꼽 위에 붙여두면, 물이 대소변에 따라 나오고 곧 병이 낫는다."라고 하였고, 이덕무의 〈청장관전서〉에서는 "눈병에 적장(赤瘴)이 생겼을 때 우렁이 한 개를 껍질 벗기고 황련 가루를 덮어서 버무린 다음 이슬이 내리는 데에 두었다가 새벽에 보면 우렁이 살이 물로 변해 있다. 이것을 눈에 한 방울씩 넣으면 적장이 저절로 사라진다."라고 하여 안과 질환에 효험이 있음을 설명하고 있다.

궁에서도 우렁이를 종기 치료에 사용했다는 것을 알 수 있다. 〈조선왕조실록〉 정조 24년(1800년) 6월 21일 기록을 보면 정조대왕에게 종기가 생겨 치료하는 과정 중에 "우렁이 고약을 붙인 뒤에 근이 들어 있는 곳이 약간 차도가 있는 것 같으나 조금 더 오래 붙여 두어야 약기운이 스며들어가는 효과가 있을 것이다."라고 정조가 말했다는 내용이 나온다.

우렁이의 칼슘 함유량은 큰 논우렁이(생것)의 경우 100g당 1천3mg으로 우유의 10배다. 우렁이는 비타민D가 풍부한 표고버섯이나 목이버섯과 함께 먹으면 더욱 좋다.

배 시원한 성질로 열을 식힌다

배는 이자(梨子)라고도 한다. 〈동의보감〉에는 "성질은 차며[寒](서늘하다[冷]고도 한다.) 맛이 달고[甘] 약간 시며[微酸] 독이 없다. 객열(客熱)을 없애며 가슴이 답답한 것을 멎게 하고 풍열과 가슴 속에 뭉친 열을 헤친다. 갈증 해소에 좋고 술을 마신 뒤의 갈증을 치료하는 데 더욱 좋다."라고 하였다. 이처럼 배는 풍부한 진액과 달고 시원한 성질로 열을 풀어 주므로 아토피 피부염에도 긍정적인 작용을 한다.

한의학박사와 요리전문가가 함께 만든 건강 레시피
아토피를 낫게 하는 맛있는 제철요리

겨울

호박 퐁듀 (2~3인분)

비타민과 무기질이 풍부하고 칼로리가 낮은 호박과 다양한 채소를 함께 먹을 수 있는 호박 퐁듀예요. 치즈를 넣지는 않았지만 스위스의 퐁듀 요리를 먹는 재미를 그대로 느낄 수 있어요.

들어가는 재료
늙은 호박 1/3통, 찹쌀가루 2컵, 팥 1/2컵, 물 10컵, 조청 3큰술, 자염 1/2큰술, 가래떡, 고구마, 브로콜리, 감자, 과일류 적당량

만드는 법
1. 늙은 호박의 껍질을 벗기고 속을 파낸 후 2~3cm 크기로 썬다.
2. 호박에 물을 붓고 푹 무르도록 삶은 후 한 김 식혀 나무주걱으로 으깬다.
3. 찹쌀가루에 물을 조금 붓고 멍울이 없도록 잘 풀어 놓는다.
4. 팥은 1시간 동안 불렸다가 끓인다. 끓어오르면 물을 따라 내고 새로 물 10컵을 부어 팥이 푹 익도록 끓인다.
5. 으깬 호박을 냄비에 넣고 끓이다가 풀어 놓은 찹쌀가루를 넣어 걸쭉하게 끓여 조청, 자염으로 간을 맞춘다. 여기에 푹 익힌 팥을 넣어 저어가며 끓인다.
6. 가래떡과 브로콜리는 2cm 크기로 썰어 살짝 데치고, 감자와 고구마는 삶은 후 2cm 크기로 썬다.
7. 그릇에 5를 담고 준비한 채소와 떡을 담아 낸다.

- 가래떡, 브로콜리 등 부재료는 기름에 튀기거나 볶지 말고 데쳐 쓰도록 한다.
- 아이들이 잘 먹지 않는 과일이나 채소 등도 부재료로 준비해 보자. 소스에 찍어 먹는 재미에 평소보다 맛있게 먹을 수 있다.
- 아토피 반응이 없는 경우에는 호박을 끓일 때 치즈를 함께 넣어 녹여 쓸 수 있다.
- 자염을 조금 넣으면 단맛이 더 강해진다.

단호박 팥 양갱

아토피 아이들에게 몸에 좋은 간식을 만들어 주세요. 단호박 팥 양갱은 인기 만점 영양식입니다. 모양틀로 찍어내는 과정을 함께 하면 아이들이 특히 좋아해요.

들어가는 재료

단호박 200g, 삶은 팥 1/4컵, 흰 팥앙금 150g, 불린 한천 1컵, 조청 1/2컵, 물 1.1/2컵, 자염 1/3작은술

만드는 법

1 팥을 물에 불린 후 무르도록 푹 삶아 건져 둔다.
2 단호박은 껍질을 벗겨 푹 찐 후 믹서로 곱게 간다.
3 냄비에 단호박과 불린 한천, 조청을 넣고 고루 섞어 10분간 끓인다.
4 3에 흰 팥앙금을 넣고 눋지 않도록 저어가며 살짝만 끓인다.
5 4에 자염과 삶은 팥을 넣고 고루 섞어 용기에 넣어 굳힌 후 먹기 좋게 틀로 찍어 모양을 내거나 썬다.

- 팥은 껍질이 단단하므로 12시간 정도 불려 삶아야 한다. 불린 팥에 4배 정도 되는 물을 부어 센 불에서 20분간 끓이고, 중불로 낮춰 30분 정도 삶아야 팥이 푹 무르게 된다.
- 팥이 끓게 되면 물을 따라버리고 새 물을 넣어 끓여야 씁쓸한 맛을 줄일 수 있다.
- 단호박이 없으면 늙은 호박을 써도 괜찮다.
- 양갱이 끓으면 찬물에 조금 떨어뜨려본다. 풀어지지 않으면 다 된 것이다.
- 팥이 없을 때는 다른 재료(밤, 건과일 등)로도 양갱을 만들 수 있다.

호박 반찬에 식량에, 약도 되는 고마운 식품

궂은비 열흘 만에 여기저기 길 끊기고
(苦雨一旬徑路滅)
성 안에도 시골에도 밥 짓는 연기 사라져
(城中僻巷煙火絕)
태학에서 글 읽다가 집으로 돌아와
(我從太學歸視家)
문 안에 들어서자 시끌시끌 야단법석
(入門諠然有饒舌)
들어보니 며칠 전에 끼니거리 떨어져서
(聞說罌空已數日)
호박으로 죽을 쑤어 허기진 배 채웠는데
(南瓜鬻取充哺歠)
어린 호박 다 땄으니 이 일을 어찌 할꼬
(早瓜摘盡當奈何)

— 다산 정약용의 《다산시문집》 중 '호박넋두리[南瓜歎]'에서 —

위의 시에서도 알 수 있듯이, 호박은 예로부터 밥반찬뿐만 아니라 구황작물로 많이 이용되어왔다. '굽고 못생긴 나무가 선산을 지킨다'는 속담처럼 못생긴 사물의 대명사인 호박은 묵묵히 우리의 배고픔을 달래주고 건강을 지켜주었다. 〈방약합편〉에서는 호박의 이로움에 대해 "맛은 달고 성질은 따뜻하다. 소화를 도와주며 소변을 잘 나오게 하고, 답답함과 갈증을 없애주며 폐 기능을 도와준다."라고 설명하고 있다.

호박은 봄에 구덩이를 깊이 파고 거름을 충분히 줘서 심어만 놓으면 그 다음부터는 농약 한 방울, 비료 한 줌 필요 없이 저절로 자라나고 열매를 맺어 집집마다 작은 반찬가게 역할을 했다. 넓적한 이파리는 강된장에 쌈 싸먹고, 애호박은 나물로, 된장찌개로, 부침으로 먹고, 익은 호박은 죽 끓여 먹고, 엿에 넣어 먹고, 나박나박 썰어서 말린 호박고지 섞어 시루떡 해먹고, 집

안에 기력 허한 식구 있으면 늙은 호박 속을 파내고 꿀을 부어 중탕해서 보약으로 쓰기도 했다. 큼지막하고 노란 꽃은 꼬마들의 꿀벌잡기 놀이의 도구로 쓰였다.

호박에는 식이섬유와 각종 미네랄, 비타민C, E 등과 함께 천연 색소인 카로티노이드계 화합물이 풍부한데, 특히 베타카로틴과 루테인이 많이 들어 있다.

베타카로틴은 두 개의 비타민A 분자가 결합된 구조로, 우리 몸에서 비타민A로 전환된다. 비타민A는 시력과 성장에 필수적인 영양소일 뿐만 아니라, 피부 재생을 촉진하며 비정상적인 각질화를 막아 피부를 매끈하게 만들어주며, 루테인과 함께 자외선에 의한 피부암의 발병률을 낮춘다.

호박에 또한 많이 포함되어 있는 알파카로틴은 화학적으로 베타카로틴과 유사하지만, 뇌와 간, 피부에서 암세포의 성장을 억제하는 능력이 더 뛰어난 것으로 보고되고 있다.

최근에는 비타민A가 면역세포를 활성화시켜서 감염과 염증에 대한 면역을 돕는다는 미국농업연구청의 연구결과부터, 아이들에게서 많이 발생하는 제1형 당뇨병을 억제한다는 미 농무성 소속 영양학자들의 보고, 호박을 먹으면 혈압 상승에 관련한 효소의 활성을 강하게 억제하여 고혈압을 개선하는 효과를 얻을 수 있다는 일본 히로사키대학 의학부의 실험결과도 나와 있다.

이래저래 맛나고 고마운 호박, 식구들 모두 많이 먹어야겠다.

수수 팥 부꾸미 (2~3인분)

팥은 해독작용을 하고 수수는 블루베리나 석류를 능가하는 항산화 및 항염 식품이지요. 맛 좋은 수수 팥 부꾸미는 영양 만점인데다가 색도 모양도 예뻐요.

들어가는 재료

수수가루 200g, 찹쌀가루 200g, 자염 약간, 뜨거운 물 1컵, 카놀라유 적당량, 팥소 또는 앙금 50g, 건살구 30g, 건포도 20g, 밤 2개

만드는 법

1 수수가루와 찹쌀가루에 뜨거운 물과 자염을 넣고 익반죽한다.
2 건살구, 건포고, 밤을 잘게 다져 팥소나 앙금과 함께 고루 섞는다.
3 기름을 두른 프라이팬에 1의 반죽을 떼어 올려 놓고 눌러가며 동그랗게 지진다.
4 살짝 익은 반죽에 2의 소를 올려 어느 정도 익으면 반으로 접어 반달 모양을 만들고 뒤집으며 고루 지진다.

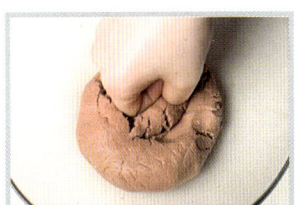  

- 팥은 유기농 국내산을 사용하고 수수가루와 찹쌀가루도 수수와 찹쌀을 직접 불린 후 방앗간에 가져가 찧어 사용하는 것이 좋다.
- 귤이나 배, 감자, 고구마, 밤 등 가을·겨울철에 나는 재료들로 소를 만들면 된다.
- 익반죽을 할 때는 물을 한번에 다 넣지 않고 조금씩 넣어가며 반죽한다.

팥 몸속 노폐물을 제거한다

> 요즘 팥은 다이어트 식품으로 인기가 높다. 포만감을 주어 과식을 예방하고, 부기와 몸속의 노폐물 제거에 효과를 낸다.

예로부터 겨울에는 붉은색 곡식인 팥과 수수를 즐겨 먹었다. 정월대보름에는 팥과 수수를 섞어 오곡밥을 먹었고, 동지가 되면 팥을 삶아 으깬 뒤 앙금을 내려서 팥죽을 쑤어 먹었다. 고려 말기의 학자 이곡(李穀)의 〈가정집(稼亭集)〉에 "동지에 얼음이 언 것은 일이 잘못되었지만(陽復堅氷事已非) / 새벽 창가에 동지 팥죽은 그대로 어김이 없네(曉窓冬粥莫予違)."라는 구절이 나오는 것으로 보아 동지 팥죽의 전통이 꽤 오래되었음을 알 수 있다.

〈조선왕조실록〉 영조 51년(1775년) 7월 28일 기록에는 다음과 같은 내용이 있다. "임금이 집경당에 나아가 음식을 하사하였다. 왕세손이 시좌하였는데, 시임 대신·원임 대신과 9경들이 절을 하고 허리 숙여 서니 임금이 팥죽을 차려오라고 명하였다." 이를 보면 팥죽을 동지에만 먹은 것은 아니었나 보다. 팥이 든 다른 음식들도 겨울에만 먹은 것은 아니었다. 상화병(霜花餠)이라는 떡은 주로 여름에 먹었다고 한다. 상화병은 팥소를 넣은 전통 떡의 하나다. 밀기울에 막걸리를 타서 쑨 죽에 가루 누룩을 넣어 하룻밤을 보낸 다음 걸러낸 물에 밀가루를 넣고 반죽하여 잰다. 여기에 꿀팥소를 넣고 다시 재어두었다가 물에 담가서 뜨는 것을 건져서 시루에 쪄내면 상화병이 완성된다.

조선 중기 장유의 〈계곡집〉에는 이런 시가 나온다. "산해진미에 기름진 고기 싫도록 먹고(珍窮陸海飫羶腴) / 술에 취해 어느새 여상을 맞기보단(醉飽居然厲爽俱) / 맑은 아침 세수 한 뒤 우유처럼 부드러운(爭似淸晨盥漱罷) / 팥죽 한 그릇 먹는 게 훨씬 나으리라.(一甌豆粥軟如酥)"

선조들도 팥이 해독작용을 하고 신진대사

를 원활하게 하며 숙취 해소에 좋다는 사실을 알고 있었던 것이다.

팥은 '적소두(赤小豆)'라고도 한다. 〈동의보감〉에서는 "성질이 평(平)하고(약간 차다[微寒]고도 하고 따뜻하다[溫]고도 한다.) 맛이 달면서 시고[甘酸] 독이 없다. 몸속의 물을 빠지게 하며, 옹종의 피고름[癰腫膿血]을 빨아낸다. 소갈을 치료하고 설사와 이질을 멎게 하며 오줌이 나오게 하고 붓기를 내린다. 열기와 옹종을 삭히고 어혈을 풀어준다[散惡血]. 오랫동안 먹으면 몸이 거멓게 되면서 몹시 마른다."고 하였다. 독을 제거하고 피부질환에 도움을 주며 부종을 제거하는 효과가 있지만 많이 먹으면 좋지 않다는 것이다.

수수 블루베리를 능가하는 항산화 식품

출촉(秫薥)이라고도 하는 수수에 대해 〈동의학사전〉은 "맛은 달고 떫으며 성질은 따뜻하다. 속을 덥혀주고, 위를 수축시키며 구토와 설사를 멎게 한다. 이질, 배뇨장애에 쓴다."라고 했다. 속을 편안하게 하고 소변을 잘 나오게 하는 곡식인 것이다.

2010년 미국 조지아대학교의 제임스 하그로브(James Hargrove) 교수는 떫은맛을 내는 타닌이 많이 함유된 수수는 쌀, 밀, 귀리 등 다른 곡물에 비해 훨씬 많은 항산화성 피토케미칼을 함유하고 있으며, 블루베리나 석류같이 잘 알려진 식품보다도 항산화 및 항염 특성이 뛰어나다고 발표했다. 고타닌 품종의 수수에는 폴리페놀성 화합물이 g당 23~62㎎ 들어있다. 블루베리(5㎎), 석류주스(2~3.5㎎)와 비교할 수 없을 정도로 많이 들어 있어 아토피 아이들에게 매우 좋은 음식이라고 할 수 있다.

굴 버섯 배추 볶음 (2인분)

굴은 단백질과 무기질, 타우린, 셀레늄 등 아토피 환자에게 필요한 영양소를 고루 갖춘 음식이지요.
다양한 채소와 함께 요리로 즐겨 보세요.

들어가는 재료

굴 200g, 목이버섯 20g, 양송이버섯 2개, 배추 50g, 청경채 50g, 마늘 2개, 녹말 1/2컵, 백후추, 흑임자기름 약간씩, 카놀라유 약간

튀김옷 찹쌀가루 1/2컵, 물녹말 1컵

소스 다시마 육수 4큰술, 간장 3큰술, 식초, 청주 1큰술씩, 조청 2큰술, 물녹말 2큰술

만드는 법

1 굴을 연한 소금물에 살살 흔들어 헹궈 물기를 뺀 후 찹쌀가루를 묻히고 물녹말에 버무린 후 튀긴다.
2 목이버섯을 물에 불려 먹기 좋은 크기로 뜯고, 양송이버섯을 얇게 썬다.
3 배추와 청경채를 3cm 길이로 썰고 마늘을 얇게 썬다.
4 물녹말을 제외하고 소스 재료를 잘 섞어 둔다.
5 팬에 카놀라유를 두르고 마늘을 넣어 볶는다.
6 5에 버섯, 채소, 소스, 튀긴 굴의 순서로 넣어 볶듯이 고루 섞는다.
7 6에 물녹말, 흑임자기름, 백후추를 약간 넣어 섞는다.

- 쪽파를 송송 썰어 장식해도 좋다.
- 굴을 맹물에 씻으면 특유의 맛과 향이 사라지므로 옅은 자염물에 씻는다.
- 매운맛에 아토피 반응이 있다면 마늘은 살짝 볶아 향만 낸 뒤 건져내도록 한다.
- 상황에 따라 다른 채소로 대체할 수 있다.
- 배추는 겨울 배추가 가장 달고 아삭하다. 볶음이나 쌈 등으로 다양하게 요리할 수 있다.

배추 맛좋고 소화 잘되고 항암효과까지

"〈어림(語林)〉에, 남새(채소)로 가장 맛있는 것은 첫봄의 갓 돋은 부추와 늦여름의 늦갈이 배추라고 하였다." 홍만선의 〈산림경제〉에 나오는 얘기다. 이처럼 맛이 좋고 우리 민족과 떼려야 뗄 수 없는 채소가 바로 배추다.

배추에는 풍부한 비타민C를 비롯해 체내에서 비타민A로 작용하는 카로틴, 칼슘, 식이섬유, 철분 등이 골고루 들어 있다. 얼마 전에는 배추에 암을 예방하는 기능성 물질이 다량으로 존재하는 것도 확인되었다. 농촌진흥청에서는 국내 배추 23가지 품종의 성분을 분석한 결과, 강력한 항암작용을 하는 글루코시놀레이트(glucosinolate) 14종이 들어 있는 것을 확인했다고 밝혔다.

배추는 숭채(菘菜)라고도 하는데 〈동의보감〉은 "성질이 평(平)하고 맛이 달며[甘] 독이 없다. 음식을 소화시키고 기를 내리며 장위를 잘 통하게 한다. 또한 가슴 속의 열을 없애고 술 마신 뒤에 생긴 갈증과 소갈증을 멎게 한다."라고 적고 있다.

맛 좋고 소화 잘되고 암도 예방하고, 아이와 엄마 모두 많이 먹어야 하는 채소다.

굴 바다에서 나는 최고의 영양식품

재료이야기

《걸리버 여행기》의 작가 조나단 스위프트가 "제일 처음 굴을 먹은 사람은 매우 용감한 사람이었을 것이다."라고 말한 것처럼, 굴은 겉보기에 그리 먹음직스럽지는 않아도 일단 한번 먹어 보면 그 맛과 향 그리고 풍부한 영양에 놀라지 않을 수 없다.

"생선을 먹어라, 더 오래 살리라. 굴을 먹어라, 더 오래 사랑하리라.(Eat fish, live longer. Eat oysters, love longer.)"라는 서양 속담처럼, 굴은 서양에서도 강장식으로 인기가 좋다. 기원전 95년경 고대 로마의 세르기우스 오라타(Sergius Orata)가 수문과 보를 통해 바닷물의 흐름을 제어할 수 있는 굴 양식장을 만들어 굴 양식을 시작했다는 기록이 있는 것을 보면 그 역사도 깊다.

굴에는 단백질과 지방, 회분, 글리코겐 등의 영양소를 비롯해 칼슘과 인, 철 등의 무기질이 풍부하고 여러 가지 비타민, 타우린 같은 필수아미노산도 많이 들어 있어 아이들의 성장과 시력 보호, 엄마의 빈혈과 골다공증 예방에도 좋다. 중금속 해독과 세포 기능을 활성화하는 셀레늄도 풍부하다.

《조선왕조실록》 연산군 5년(1499년) 1월 17일자에 "윤필상·어세겸·정문형·한치형·성준이 의논드리기를, '……지금 유자광이 특별히 해물을 진상하기 위하여 역마를 발송하기에 이르렀으니, 대간이 논박함은 당연한 일입니다. 그러나 유자광은 사옹원 제조로서 함경도에 도착하여 생 전복과 굴 조개의 싱싱함을 보고 상시에 진상한 맛과는 다를 것이라 여겨 특별히 진상하고자 한 것뿐이며, 다른 뜻은 없었습니다.'"라는 기록이 있는 것을 보면 전복과 함께 굴이 귀한 해산물이었음을 알 수 있다.

"배 타는 어부의 딸은 얼굴이 까맣고, 굴 따는 어부의 딸은 하얗다."라는 속담도 있듯이 굴은 피부를 희고 뽀얗게 만들어 주는 미용식품이기도 하다.

《동의보감》에서는 굴을 모려육(牡蠣肉)이라 칭하고 "먹으면 맛도 좋고 몸에도 아주 좋다. 또한 살결을 곱게 하고 얼굴빛을 좋아지게 한다. 바다에서 나는 식품 가운데서 가장 좋다."라고 하여 피부에 대한 효능을 포함해 칭찬을 아끼지 않고 있다.

아귀살 다시마 말이 (2~3인분)

겨울 아토피를 낫게 하는 요리

아토피뿐만 아니라 두뇌 건강에도 좋은 아귀는 육질이 담백해 채소와 함께 먹기 좋아요. 아귀살과 채소를 다시마로 말아 하나씩 입에 넣으면 쫄깃하고 아삭한 맛이 그만이지요.

들어가는 재료

아귀 살 400g, 염장 다시마 300g, 노란 파프리카 1/2개, 빨간 파프리카 1/2개, 초록색 파프리카 1/2개, 오이 1개, 당근 1/4개, 쪽파 약간, 청주 2큰술

초고추장 고추장 2큰술, 식초 3큰술, 조청·매실청 1큰술씩, 다진 마늘 1/2큰술

만드는 법

1 다시마를 끓는 물에 살짝 데친 후 5×10cm 크기로 썬다.
2 아귀 살은 청주를 넣은 끓는 물에 데쳐낸 후 길게 썬다.
3 오이와 파프리카, 당근을 4cm 크기로 곱게 채 썬다.
4 쪽파는 살짝 데쳐 놓는다.
5 다시마를 펼쳐놓고 준비한 재료를 나란히 놓은 후 말아서 데친 쪽파로 묶는다.
6 볼에 초고추장 재료를 모두 넣고 고루 섞은 후 다시마말이쌈과 함께 낸다.

- 염장 다시마는 찬물에 30분간 담가 소금기를 뺀 후 사용한다.
- 말이쌈에는 제철 채소를 쓰도록 한다.
- 아귀 살만 얼린 제품을 구입하거나 아귀를 사서 뼈를 발라낸 후 사용한다.

아귀 두뇌 건강, 성인병 예방에 좋은 칠색진미

찬바람이 부는 겨울철이면 복어와 아귀가 매운탕이나 맑은 탕의 재료로 인기가 좋다. 복어가 귀족적이라면 아귀는 서민적인 생선이다. 일본과 우리나라에서만 먹는 아귀는 이름과 생긴 모습은 좀 무섭지만 영양가가 매우 높고 맛도 좋다. 인천에서는 아귀를 물텀벙이라고 하는데, 모양이 흉측해서 그물에 잡히면 어부들이 재수 없다고 바다에 텀벙 버려 붙여진 이름이라고 한다. 유명한 마산 아구찜의 시작도 비교적 근래인 1965년부터이니 그 전엔 아귀가 얼마나 천대를 받았는지 알 수 있다.

서양에서는 아귀를 바다의 악마(sea-devil)라고 하고 낚시꾼이란 뜻의 앵글러(angler)라는 이름으로도 부른다. 정약전의 〈자산어보〉도 낚싯줄이 달려 있는 물고기라는 뜻의 '조사어(釣絲魚)'라고 쓰고 있으니 동서양의 견해가 다르지 않다. 아귀를 사와서 배를 갈라보면 내장 속에 값비싼 빨간 고기나 참조기가 형태를 그대로 유지한 채 들어 있는 경우가 종종 있으니, 낚시를 잘하기는 잘하나 보다. 아귀를 부르는 또 다른 한자 표현으로는 '안강어(鮟鱇魚)'가 있는데, 아귀를 잡는 그물을 바로 안강망(鮟鱇網)이라고 한다.

아귀가 낚시하는 모습을 정약전 선생은 이렇게 적고 있다.

"입술 끝에 두 개의 낚싯대 모양 등지느러미가 있어 의사가 쓰는 침 같다. 이 낚싯대의 길이는 4~5치다. 낚싯대 끝에 낚싯줄이 있어 그 크기가 말꼬리와 같다. 실 끝에 하얀 미끼가 있어 밥알과 같다. 다른 물고기가 따먹으려고 와서 물면 얼른 잡아먹는다."

유명한 외국 다큐멘터리 채널을 보고 있는 것처럼 표현이 생생해서, 스쿠버 장비와 촬영 도구도 없던 그 시절에 어떻게 이런 묘사를 할 수 있었는지, 그 세밀한 관찰력에 경외감이 들 정도다.

아귀는 껍질과 간장, 아가미, 난소, 위, 꼬리지느러미, 볼때기살 등 7가지 부위를 요리

재료로 사용해 '칠색진미'라 한다. 어디 하나 버릴 데가 없는 생선인 것이다.

물컹물컹한 껍질은 씹을 때 독특한 질감이 느껴지고 뽀얀 살은 아주 담백하다. 아귀의 껍질에는 피부의 염증을 방지해주는 비타민 B2와 피부를 탄력 있게 만드는 콜라겐이 풍부하며, 뼈와 이를 튼튼하게 하는 비타민D도 많이 들어 있다.

또한 아귀의 간은 철갑상어알, 송로버섯과 함께 세계 3대 진미식품이라는 프랑스의 푸아그라(집오리 간 요리)에 뒤지지 않을 정도로 영양가가 높고, 비타민A가 2만5천IU나 들어 있어 '바다의 푸아그라'라고 불린다. DHA는 1만4천200㎎, EPA는 5천600㎎으로, 이는 상어간보다 30~40배 많은 수치다. 아이들의 두뇌 건강 및 엄마, 아빠의 성인병 예방에도 아주 좋은 식품인 것이다.

아귀가 맛있는 계절은 12월에서 이듬해 2월 사이이며, 등이 검고 배는 하얀 참아귀가 맛이 좋다.

다시마 칼슘이 우유의 7배

다시마는 '곤포(昆布)'라고도 하는데 〈동의보감〉은 이렇게 적고 있다.

"성질이 차고 맛이 짜며 독이 없다. 12가지 수종을 치료하는데, 오줌이 잘 나오게 하고 얼굴이 부은 것을 가라앉힌다. 또한 영류(瘦瘤, 갑상선종)와 기가 뭉친 것[結氣]도 치료한다."

다시마는 이렇게 부종을 내리고 피부질환에 효과가 있는 식품이다. 게다가 식이섬유가 풍부하고 칼슘은 우유보다 7배나 많다.

무청 된장 리조또 (2~3인분)

무청은 미네랄과 식이섬유가 풍부해 체내에 쌓인 유해물질을 잘 배출해 줍니다. 아토피 치료에 도움되는 전복과 간의 해독작용을 도와주는 된장을 더해 구수하면서 건강에도 좋은 리조또입니다.

들어가는 재료

무청 200g 들기름 2큰술, 국간장 1/2큰술, 청주 1큰술, 된장 1큰술
전복살 1개분 들기름 1큰술, 다진 마늘 1작은술
표고버섯가루 1큰술, 불린 쌀 2컵, 마가루 1큰술, 자염 약간, 물 1컵

만드는 법

1 무청은 30분 정도 삶은 후 찬물에 3시간 정도 담가둔다.
2 무청의 물기를 제거한 뒤 1cm 크기로 썰어 들기름 2큰술, 국간장, 된장, 청주를 넣고 10분쯤 재워둔다.
3 전복은 살만 분리해 채 썬 뒤 들기름과 다진 마늘을 넣고 볶아둔다.
4 프라이팬에 불린 쌀과 들기름을 넣고 점성이 생길 때까지 볶는다.
5 밥이 볶아져서 투명해지면 양념한 무청과 표고버섯가루, 마가루, 전복을 넣고 다시 볶는다.
6 자염으로 간하고 물을 적당히 부어 완전히 익힌 후 뚜껑을 덮고 5분간 뜸을 들인다.

- 전복 대신 바지락 살을 써도 된다.
- 전복의 내장은 떼어내 냉동 보관했다가 죽을 끓일 때 넣으면 한층 맛있는 죽을 끓일 수 있다.
- 표고버섯가루는 말린 표고버섯을 믹서로 갈아 만들어 놓고 그때그때 사용하도록 한다.

전복 당뇨와 진액 보충에 최고

'조개류의 황제'라고 할 만한 전복(全鰒)은 조개류 가운데 가장 맛이 뛰어나다. 요즘은 양식이 활성화되어 가격이 많이 내렸지만, 예전에는 지금보다 훨씬 더 귀하고 비싼 음식이었다. 필자도 대학을 졸업하고서야 처음 전복 맛을 보았던 기억이 난다.

〈조선왕조실록〉 문종 2년(1452년) 기록을 보면 "세종께서 일찍이 몸이 편안하지 못하므로 임금이 친히 복어(鰒魚, 전복)를 베어서 올리니 세종이 맛보게 되었으므로 임금이 기뻐하여 눈물을 흘리기까지 하였다."고 한다. 세자 시절의 문종이 오랜 소갈증(당뇨병)에 시달려 몸의 진액이 부족해진 세종을 위해 직접 진액 보충 효과가 뛰어난 전복을 잘라서 올렸다는 것이다.

전복에는 타우린을 비롯해 메티오닌, 시스틴 등 함황아미노산이 풍부해 병을 앓은 뒤의 원기와 피로 회복에 좋다. 과다한 열로 인해 진액이 부족해진 상태인 아토피 피부염에도 좋을 뿐만 아니라 공부하느라 시력이 나빠진 아이들의 눈 건강에도 좋은 효과를 낸다.

〈동의보감〉은 전복을 석결명(石決明)이라 하여 "성질이 서늘하고 맛이 짜며 독이 없다. 먹으면 눈이 밝아진다."라고 하였고, 〈본초강목〉은 "석결명은 구공라(九孔螺)라고도 하고 천리광(千里光)이라고도 한다. 석결명과 천리광은 효능을 보고 붙인 이름이고, 구공라는 형태를 보고 붙인 이름이다."라고 하여 전복이 몸을 보하고 특히 시력 회복에 좋다는 점을 설명하고 있다.

〈자산어보〉에서는 전복을 "살코기는 맛이 달아서 날로 먹어도 좋고 익혀 먹어도 좋지만 가장 좋은 방법은 말려서 포를 만들어 먹는 것이다. 내장은 익혀 먹어도 좋고 젓갈을 담가 먹어도 좋으며 종기 치료에 효과가 있다."고 설명하여 전복 내장이 피부질환에 효험이 있다고 기록하고 있다.

〈전어지〉에서는 "껍질을 벗겨 햇볕에 말려 10개 단위로 얇은 댓조각에 낀 것을 건복(乾鰒)이라고 하는데, 반쯤 말린 것이 제일 맛있다. 두드리고 눌러 얇게 펴서 연결해 종이처럼 얇게 붙인 것을 추복(搥鰒) 또는 장복(長鰒)이라고 하는데, 안주와 반찬으로 제일 좋

다."라며 전복을 말려서 먹는 법까지 자세히 설명하고 있다.

조선 중기의 문신 허균의 시문집 〈성소부부고〉에는 "큰 전복은 제주에서 나는 것이 가장 크다. 맛은 작은 것보다는 못하지만 중국 사람들이 매우 귀히 여긴다."라고 적혀 있다. 전복은 중국과 일본에서도 생산되지만 우리나라 제주의 것을 제일로 쳤다.

그만큼 귀하다 보니 탐관오리들의 수탈로 전복을 바쳐야 하는 백성들의 고통이 무척 컸다. 〈조선왕조실록〉 세조 6년(1460년) 12월 29일자에 보면 "중추원사 기건이 죽었다. 그는 일찍이 연안 군수가 되었는데, 군민들이 붕어[鯽魚]를 바치는 것 때문에 그물질하여 잡기를 피곤해 하니 3년 동안 먹지 않고 또 술도 마시지 않았다. 체임(遞任)하여 돌아올 때에 부로(父老)들이 전송하니, 기건이 종일토록 마셔도 취하지 않았다. 부로들이 탄식하기를 '이제야 우리 백성을 위하여 술을 마시지 않았음을 알겠다.'고 하였다. 또 제주(濟州)를 안무(安撫)하는데, 백성들이 전복을 바치는 것을 괴롭게 여기니, 역시 3년 동안 전복을 먹지 않았다. 두어 도의 관찰사와 대사헌을 역임하였는데, 이르는 곳마다 명성이 있었다."라고 하여 한 청렴한 관리의 보기 드문 행적을 칭송하고 있을 정도다.

지금은 양식업이 발달하여 전복을 쉽게 먹을 수 있지만 옛날에는 깊은 바다에 들어가서 따야 했으니 얼마나 고생스러웠으며, 또 얼마나 귀했겠는가. 이런 것을 잡아 바치라고 족치는 탐관오리들이 많았기에 기건의 올곧은 행실이 왕실의 기록에까지 오른 것이다.

전복은 산란기인 가을철을 제외하고 연중 맛이 좋으며, 남방계 전복류는 겨울철에 산란한 다음 봄철 이후 여름까지 육질이 비만해지기 때문에 여름이 제철이라고 한다.

명태살 달큰 강정 (2~3인분)

명태는 맛이 담백하고 비타민 A, D, 오메가-3 지방산, 필수아미노산 등이 풍부하지요. 명태를 튀겨 강정을 만들면 아이들이 더 좋아해요.

들어가는 재료

명태 1마리, 명태 간 30g, 자염, 백후춧가루 약간, 청주 2큰술, 녹말가루 1컵, 톳 20g, 흑임자 2큰술, 카놀라유 2컵

소스 다진 양파 1큰술, 다진 마늘 1작은술, 고추장 1큰술, 케첩 3큰술, 조청 3큰술, 매실엑기스 1큰술, 간장 1/2작은술

만드는 법

1. 명태는 포를 떠서 뼈를 발라낸 후 한입 크기로 썰어 청주, 자염, 백후추로 밑간하여 10분간 재운다.
2. 명태 간은 청주, 소금을 넣은 물에 데쳐 익힌 후 으깬다.
3. 톳은 잘게 다진다.
4. 재워둔 명태의 물기를 제거하고 으깬 간, 흑임자와 톳을 묻힌 후 녹말가루를 덧입힌다.
5. 프라이팬에 기름을 두르고 4의 명태를 바삭하게 튀기듯 구워낸다.
6. 팬에 기름을 두르고 다진 마늘과 다진 양파를 볶다가 준비한 소스 재료를 넣어 한번 끓어오르면 5의 명태를 넣어 버무려 낸다.

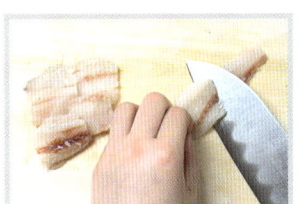

- 카놀라유, 포도씨유, 콩기름, 쌀눈유 등은 발연점이 높아 튀김할 때 사용하고 올리브유는 발연점이 낮으므로 샐러드 등에 사용한다.
- 매운맛에 아토피 반응이 온다면 고추장은 사용하지 않아도 된다.
- 명태 살에 흑임자와 톳을 묻히는 과정을 아이들과 함께 하면 놀이하듯 재미있는 시간을 보낼 수 있다.

명태 속을 따뜻하게 하고 기운을 돋운다

명태는 우리나라에서 가장 즐겨 먹어온 생선 중 하나로 한민족을 상징하는 아이콘의 하나라고 할 수 있다. 먹을거리부터 무속신앙에까지, 명태는 우리 민족의 삶이라는 바다를 유유히 헤엄치고 있다. 명태 없이 제사도 못 지내거니와, 대문 문설주 위에 많은 복을 달라고 매달아 놓고, 가게 개업식날 고사 지내고 장사 잘 되라고 출입문 위에 무명 실타래 감아 올려 두고, 심지어 새 차를 사면 사고 나지 말라고 막걸리 뿌린 후 글러브박스 안에 넣어두기까지 한다. 필자도 집에 제사가 다가오면 연안부두 어시장에서 제일 먼저 명태포를 산다. 그런 다음 조기며 서대며 도미며 이런저런 제수품을 장바구니에 담는다.

명태는 안 먹는 부위가 없다. 꼬리부터 대가리까지 하나도 안 버리고 다 먹는다. 가자미처럼 식해도 만들어 먹고, 회냉면에 고명으로 얹기도 하며, 김장 김치에 박아 넣기도 하고, 찌개로 끓여먹고, 말려서 무치거나 찜을 해서 먹고, 내장은 창란젓으로, 머리는 귀세미젓으로, 알은 명란젓으로, 간은 간유로 먹고, 곤이나 이리, 애는 찌개나 국에 넣는다. 눈알은 구워서 술안주하고, 껍데기는 말린 후 살짝 구워서 쌈을 싸먹고, 꼬리와 지느러미는 볶아서 육수를 낸다. 명태를 이렇게 다양하게 먹는 민족은 지구상에서 우리나라 사람들이 유일할 것이다.

함경도와 일본 동해안 지방에서는 명태 간으로 기름을 짜서 등불을 밝혀 밝을 명(明)자를 써서 명태(明太)라고 했다고 하고, 눈이 침침한 산골 사람들이 명태 간을 먹고 눈이 밝아졌다고 해서 명태라 불렀다고도 한다.

실제로 명태 간에는 비타민A, D부터 오메가-3 지방산, 필수아미노산 등이 풍부하게 들어 있어 아이의 시력을 보호하고 뼈도 튼튼하게 해준다.

〈자산어보(茲山魚譜)〉, 〈우해이어보(牛海異魚譜)〉와 함께 3대 어보(魚譜)의 하나인 〈전어지(佃漁志)〉(조선후기 실학자 서유구 지음)에서는 명태에 대해 "이 물고기는 달고 부드럽고 독이 없어서 속을 따뜻하게 하고, 기운을 돋우는 효능이 있어서 사람들이 중하게 여긴다."라고 하여 기력이 허한 환자나 노약자들의 보신용으로 좋다고 하였다.

어렸을 적 겨울에 감기몸살로 앓고 있으면 외할머니가 찬밥과 묵은지와 동태 한 마리를 내장까지 통째로 넣고 큰 솥 가득 동태죽을 끓여 주시곤 했는데, 뜨끈뜨끈한 죽 한 사발 먹으면 몸에 땀이 쭉 나면서 열이 풀리고 기운이 나던 기억이 아직도 생생하다. 이렇듯 아토피 아이에게도, 엄마에게도 좋은 명태, 많이 먹어야겠다.

오방색 새알 미역국 (2~3인분)

다섯 가지 색 새알을 넣어 보기에도 예쁜 미역국이에요. 미역은 칼륨, 칼슘, 마그네슘 등이 풍부한 알칼리성 식품으로 맛이 좋고 영양도 풍부합니다.

들어가는 재료

북어 1/2마리, 물 5컵, 마른 미역 10g, 들기름, 국간장 2큰술씩, 거피 들깨가루 2큰술, 자염 1/2큰술, 찹쌀가루 1컵

오색 재료 당근즙, 시금치즙, 검은깨가루, 순무즙, 단호박가루

만드는 법

1 물에 북어를 넣어 15분간 끓인 후 건져낸다.
2 미역을 미지근한 물에 불린 후 씻어서 2~3cm 크기로 자른다.
3 2에 들깨가루, 들기름을 넣고 조물조물 무친다.
4 자염을 약간 넣은 찹쌀가루를 체에 내린 후 5등분하고, 5가지 색 재료를 각각 넣어 따뜻한 물로 익반죽한다(즙은 데워서 사용).
5 반죽이 완성되면 구슬 정도 크기의 새알심을 빚는다.
6 냄비에 들기름을 두르고 미역을 볶다가 북어육수를 붓고 센 불에 끓인다.
7 국물이 끓으면 국간장과 새알심을 넣는다.
8 새알심이 떠오르면 조금 더 끓이고 간을 맞춰 그릇에 담는다.

- 아이들이 음식에 호기심을 갖고 잘 먹을 수 있도록 요리 과정을 놀이화하여 함께한다(예: 미역을 불리면 어떻게 변하는지 관찰하기, 반죽으로 동글동글 오색구슬 만들기).
- 미역을 싫어하는 아이에게 억지로 미역을 먹일 필요는 없다. 미역국을 오래 끓이면 미역의 성분들이 빠져나오므로 국물만 먹여도 충분하다.
- 들깨가루는 껍질을 벗긴 거피 들깨가루를 쓰는 것이 좋다. 더 고소하고 부드러우며 노란 빛깔이 더 선명하게 돈다.
- 들깨가루로 미리 미역을 무쳐 놓으면 들깨가루가 겉돌지 않는다.

해물 동글이 미역국 (2~3인분)

미역은 굴이나 대구 등 담백한 맛의 해물과 잘 어울립니다. 해물을 갈아 동그랗게 완자를 만들어 넣고 바다의 향기 가득한 미역국을 끓여 보세요.

들어가는 재료
미역 10g, 굴 50g, 디포리 다시마 국물 6컵, 자염, 흑임자기름 2작은술, 까나리액젓, 국간장 약간씩, 생강즙 1/2작은술
완자 반죽 굴, 대구 살 100g씩, 미역 5g, 녹말가루 3큰술, 다진 마늘 1작은술, 자염, 백후추 약간씩

만드는 법
1. 미역은 찬물에 30분 정도 불린 뒤 비벼가며 깨끗이 씻은 후 반죽용이랑 구분하여 2cm 크기로 자른다.
2. 대구 살은 백후추와 다진 마늘을 넣어 살짝 재운다.
3. 믹서에 미역, 굴, 대구 살을 넣고 곱게 간 뒤 다진 마늘, 자염, 후춧가루, 녹말가루를 넣고 반죽을 만들어 구슬 크기로 빚는다.
4. 굴은 옅은 소금물에 살짝 씻어 건진 뒤 불린 미역과 함께 팬에 넣고 흑임자기름으로 볶는다.
5. 냄비에 디포리 다시마 국물을 붓고 끓으면 완자를 넣고 자염과 액젓, 국간장을 넣어 간을 한다.
6. 여기에 생강즙을 넣어 한소끔 더 끓여 낸다.

- 생선을 이용한 완자를 만들 때에는 녹말가루를 넣어야 더 쫄깃한 맛을 즐길 수 있다.
- 굴 대신 바지락 살이나 홍합 살로 대체해도 좋다.
- 완자는 숟가락으로 모양을 잡아 떠 넣어도 되는데 이때 아이들과 함께 숟가락으로 모양잡기 놀이를 해보는 것도 좋다.
- 생강즙은 마지막에 넣어야 신맛이 안 나고 비린 맛을 잡을 수 있다.

미역 　미역 먹으면 칼슘 걱정은 끝!

미역은 우리 민족과 함께 5천 년 이상을 함께 해온 친숙한 바다 먹거리다.

"살어리 살어리랏다 / 바르래 살어리랏다 / ᄂᆞᄆᆞ자기 구조개랑 먹고 / 바르래 살어리랏다." 〈청산별곡〉에 나오는 'ᄂᆞᄆᆞ자기'도 미역을 비롯한 여러 가지 해초를 말한다. 미역은 샐러드에 가끔 넣어 먹는 유럽 해안지역에서의 덜스(dulse)나 하와이 리무 팔라할라하(limu palahalaha) 정도를 제외하면 우리나라와 일본에서 주로 먹는데 우리나라 사람들이 훨씬 많이 먹는다.

미역은 중금속과 오염물질을 몸 밖으로 배출하는 알긴산과 식이섬유가 풍부하고, 인체의 골격과 치아 형성에 필수적인 칼슘과 암 발생을 억제하는 셀레늄 등 미네랄이 풍부해 현대인 특히 아이들과 여성의 건강에 매우 좋은 식품이다.

미역은 해채(海菜)라고도 하는데 〈동의보감〉에서는 해채에 대해 "성질이 차고[寒] 맛이 짜며[鹹] 독이 없다. 열이 나면서 답답한 것을 없애고 영류(갑상선종)와 기가 뭉친 것을 치료하며, 오줌을 잘 나오게 한다. 퍼렇지만 말리면 자줏빛으로 되기 때문에 자채(紫菜)라고도 한다."라고 미역을 설명하고 있다.

〈조선왕조실록〉 세종 12년(1430) 5월 18일 기록에 보면 "고기와 미역을 지신사 허성의 어머니에게 하사하니, 병이 있기 때문이었다."라는 구절이 나온다. 미역이 여성의 건강에 이로운 음식으로 귀하게 사용되었음을 알 수 있는 대목이다.

아이를 낳은 산모에게 반드시 챙겨 먹이는 음식이 미역국이다. 당나라 때 책인 〈초학기〉에는 "고래가 새끼를 낳으면 미역을 뜯어먹어 상처를 아물게 하는 것을 보고 고려 사람들이 산모에게 먹인다."라고 그 유래를 설명하고 있다. 조선시대 여성들의 풍습을 기록한

이능화의 〈조선여속고〉는 "미역이 몸속의 나쁜 피를 풀어 주는 성분이 있어 산모에게 잘 맞는다."라고 적고 있다.

〈자산어보〉에서는 "뿌리의 맛은 달고 잎의 맛은 담담하다. 임산부의 여러 가지 병을 고치는 데 이보다 나은 것이 없다. 〈본초강목〉에는 이를 먹으면 성장을 재촉하고 부인병을 고친다 했는데, 이는 곧 미역이다."라고 하여 아이와 엄마 모두에게 이롭다고 하였다.

미역국을 많이 먹으면 요오드 섭취가 지나쳐 문제가 될 수 있다고 하는 의견도 있지만 이는 단일염기다형성을 비롯한 유전적, 민족적, 인종적 차이를 무시한 일차원적 발상이다. 토양 문제로 요오드 섭취 부족에 시달리기 쉬운 서양 민족들에게 적용되는 얘기지, 과거 수천 년 이상 미역과 함께 생활해 온 우리 한민족에게는 해당사항이 없다.

한편, 산후에 뼈 건강을 위해 칼슘 제제를 복용하는 산모가 많은데, 미역은 일반적으로 칼슘이 가장 많이 함유되어 있는 식품으로 알려진 우유(105㎎/100g)에 비해 거의 10배나 많은 칼슘을 함유하고 있다. 흡수율 또한 비교할 수 없이 뛰어나다. 굳이 비싼 인공 합성 영양제를 구입해서 먹을 필요가 없다.

또한 최근 영국 뉴캐슬 대학의 아인 브라운리(Iain Brownlee) 박사가 발표한 것처럼 미역, 다시마 등 갈조류에 들어있는 식이섬유인 알긴산은 섭취한 지방의 흡수를 75%나 차단하여 비만 방지에도 탁월한 효능을 보인다.

과일 화채

알아두면 좋아요
- 매실 발효액은 믿을 수 있는 유기농 업체에서 구입한다.
- 매실 발효액에 단맛이 있으므로 조청의 양을 적당히 조절한다.
- 제철 과일을 사용한다.

 들어가는 재료

수박 150g, 참외 1개, 멜론 1/2개, 배 1/2개, 생수 4컵, 매실 발효액 1컵, 조청 약간

매실청 얼음 매실 발효액과 생수를 1:5 비율로 준비

 만드는 법

1. 매실 발효액과 생수를 1:5 비율로 섞는다(조청을 살짝 넣어도 좋다).
2. 1을 얼음 틀에 붓고 냉동실에 얼려 매실 얼음을 만든다.
3. 과일들을 먹기 좋게 2×2cm 크기로 썬다.
4. 매실 발효액 1컵과 생수 4컵을 섞고 조청을 3큰술 넣어 화채 국물을 만든다.
5. 화채 그릇에 국물과 과일을 담고 매실 얼음 몇 개를 띄운다.

여러 모양으로 재미있게~

자연 아토피를 낫게 하는 음료 당근 셔벗

✓ 알아두면 좋아요
- 사이다에 아토피 반응이 있으면 사이다 대신 매실엑기스와 물을 1:5 비율로 섞어 사용한다.
- 아이스바 틀에 부어 얼리면 빙과로도 먹을 수 있다.
- 얼음 틀에 얼린 후 빙수기로 내리거나 믹서로 갈면 맛있는 빙수가 된다.

🕐 들어가는 재료
당근 1/2개, 레몬 1/4개, 라임즙 4큰술, 조청 2큰술, 사이다 4컵(또는 탄산수)

🧃 만드는 법
1. 당근을 깨끗이 씻어 껍질을 벗긴다.
2. 레몬을 씻은 후 반달 모양으로 얇게 자른다.
3. 손질한 당근과 사이다를 믹서에 넣어 곱게 간다.
4. 볼에 곱게 간 당근과 라임즙, 조청을 넣어 잘 섞은 뒤 틀에 부어 냉동실에 얼린다.
5. 2시간 뒤 표면을 포크로 긁어 다시 얼린다. 30분 간격으로 이 과정을 두세 차례 반복한다.
6. 셔벗을 컵에 담고 레몬으로 장식한다.

슥슥 긁고 다시 얼리고~

들깨 셰이크

✔ 알아두면 좋아요
- 아이스바 틀에 얼려 빙과로도 즐길 수 있다.
- 껍질을 벗긴 들깨가루를 써야 음료의 부드러운 느낌을 살릴 수 있다.

들어가는 재료
껍질 벗긴 들깨가루 2큰술, 두유 3컵, 조청 1~2큰술, 얼음 1컵

만드는 법
1 믹서에 들깨가루, 두유, 조청, 얼음을 넣고 간다.

음~ 고소한 냄새!

매실 에이드

자연 아토피를 낫게 하는 음료

> ✓ **알아두면 좋아요**
> - 매실청 대신 솔잎액을 사용하면 색다른 맛을 즐길 수 있다.
> - 얼음 없이 따끈하게 차로 마셔도 좋고 셔벗을 만들 수도 있다.

들어가는 재료
매실청 1/2컵, 탄산수(사이다) 2컵, 조청 2큰술, 얼음 1/2컵

만드는 법
1. 매실청, 탄산수, 조청을 골고루 섞는다.
2. 컵에 얼음을 담고 1을 넣어 섞는다.

*쉽게 만들어 새콤하게 즐기자^^*

오미자 화채

✔ 알아두면 좋아요
- 오미자 대신 유자청을 써도 좋다.
- 따뜻하게 차로 마시거나 재료를 얼려 셔벗으로도 즐길 수 있다.
- 오미자를 우릴 때는 바로 마실 수 있도록, 끓여서 식힌 물이나 생수를 써야 한다.

 들어가는 재료

오미자 1/2컵, 끓인 물 6컵, 배 1/4개, 조청 1/2컵

 만드는 법

1. 물에 오미자 1/2컵을 붓고 비벼가며 씻는다.
2. 끓인 물을 식혀 오미자에 부은 뒤 하룻밤 그대로 우려낸다.
3. 2를 보자기에 밭쳐 깨끗한 물만 받아낸다.
4. 3에 조청을 넣고 고루 섞는다.
5. 배는 껍질을 벗겨 채 썰거나 틀로 모양을 내어 찍는다.
6. 4를 냉장고에 차갑게 식혔다가 배를 섞어 낸다.

밤을 꼬박 새우는구나…

아토피를 낫게 하는 자연 음료 수박 빙수

알아두면 좋아요
- 두유를 섞어 얼리면 일반 얼음보다 훨씬 부드러운 맛이 난다.
- 단팥에 아토피 반응이 없는 경우에만 함께 곁들인다.
- 다양한 과일을 곁들여 내도 좋다.

들어가는 재료
수박 300g, 두유 1컵, 조청 3큰술, 미숫가루 2큰술, 인절미 2개, 단팥 2큰술

만드는 법
1. 수박은 과육만 잘라 두유, 조청과 함께 믹서에 넣고 간다.
2. 1을 얼음 틀에 부어 냉동실에 넣고 얼린다.
3. 2를 믹서에 갈아 그릇에 담고 단팥, 미숫가루, 인절미, 수박 과육으로 장식한다.

빙수야~ 수박빙수야~

오디 두부 스무디

알아두면 좋아요
- 겨울에는 홍시를, 여름에는 복분자를 사용해도 좋다.
- 두부, 오디, 두유, 조청을 갈아 아이스바 틀에 얼리면 빙과로도 즐길 수 있다.

들어가는 재료
두부(생식용 혹은 연두부) 50g, 오디 100g, 두유 1컵, 조청 1큰술, 얼음 1/2컵

만드는 법
1. 두부를 큼직큼직하게 썬다.
2. 믹서에 두부, 오디, 두유, 조청, 얼음을 넣어 간다.

 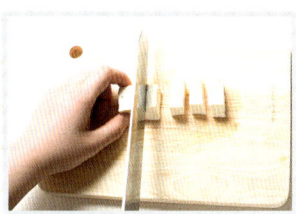 

매실 요거트

자연 아토피를 낫게 하는 음료

> ✅ **알아두면 좋아요**
> - 매실청이나 매실액에 단맛이 있으므로 조청은 적당히 양을 조절해 가며 넣는다.

들어가는 재료
매실청 또는 매실액 1/4컵, 두유 1컵, 조청 1/2큰술

만드는 법
1. 두유에 매실청 또는 매실액, 조청을 넣어 잘 섞는다.
2. 두유가 요거트처럼 몽글몽글 해지면 마신다.

몽글몽글! 맛있겠다.

고구마 곡물 셰이크

아토피를 낫게 하는 자연 음료

✔ 알아두면 좋아요

- 고구마 대신 단호박을 써도 된다.
- 고구마에 단맛이 있으므로 맛을 보아가며 조청의 양을 조절한다.
- 아이스바 틀에 부어 얼리면 빙과로 즐길 수 있다.
- 계피가루는 아토피 반응을 보아 조절한다.

🕐 들어가는 재료

찐 고구마 1개, 두유 2컵, 선식 혹은 미숫가루 3큰술, 조청 1큰술, 얼음 1/2컵, 계피가루 약간

🧴 만드는 법

1. 찐 고구마는 껍질을 벗겨서 자른 후 두유, 미숫가루, 조청, 얼음과 함께 믹서에 간다.
2. 컵에 1을 담고 계피가루를 살짝 뿌린다.

계피가루를 살포시~

음료 '엄마표' 아토피 건강 음료 만들기

여름철이면 아이와 엄마 사이에 실랑이가 자주 벌어진다. 바로 아이스크림과 청량음료 때문이다. 아이스크림에는 아토피에 좋지 않은 유가공품이 많이 들어 있고 청량음료에는 소아비만의 주원인 가운데 하나인 액당과 인공색소가 가득하다. 따라서 더운 여름철일수록 엄마의 실력발휘가 필요하다. 여러 과일과 약재를 이용해서 아이에게 엄마표 얼음과자, 음료를 만들어 주자.

우리 조상들은 에어컨이나 냉장고 없이도 한여름을 건강하게 보냈다. 이때 음료는 제호탕(醍醐湯), 봉수탕(鳳髓湯), 생맥산(生脈散), 오미자차 등이었다.

영조 36년(1760) 7월 25일자에는 "임금이 동몽교관에게 명하여 학동들을 거느리고 입시(入侍: 궁에 들어가 임금을 뵙는 일.)하여 소학을 읽게 하였다. 잘 대답한 아홉 사람에게 각 각 지필묵을 내려 주고 동몽교관은 칙려(飭勵)한 공이 있음으로 또한 각각 녹피(鹿皮: 사슴가죽)를 내려 주기를 명하였다. 이어 여러 유생들에게 수박[西瓜]과 제호탕(醍醐湯)을 내려 주었다."는 기록이 있다. 〈승정원일기〉 고종 7년(1870) 6월 29일자에는 "상이 이르기를, '날이 이처럼 더우니 안에서 제호탕을 내리겠다. 재신들은 물러난 뒤에 기다리도록 하라.'하니 김병학이 아뢰기를, '성상의 돌봐주심이 이러하니 등연한 신하들 모두가 참으로 광영에 감격할 것입니다.' 하였다."고 적혀 있다. 이밖에 〈조선왕조실록〉 영조 12년(1736) 4월 24일 기록에 "임금이 이르기를, 내가 목이 마를 때에 간혹 오미자차를 마시는데, 남들이 간혹 소주(燒酒)라고 의심해서이다."라는 구절도 나온다. 선조들이 여름철 더위와 갈증을 물리치려 수박이나 제호탕, 오미자차 등을 즐

겼음을 보여주는 기록들이다.

〈동의보감〉에서는 수박에 대해 '번갈(가슴이 답답하고 목이 마른 증세)과 더위 독을 없애고 속을 시원하게 하며 기를 내리고 오줌이 잘 나가게 한다.'라고 하였고, 오미자에 관해서는 "손진인(중국 당나라 때 명의)이 '여름철에 오미자를 늘 먹어 오장의 기운을 보해야 한다.'고 한 것은 위로는 폐를 보하고 아래로는 신을 보하기 때문이다."라고 설명하고 있다.

오디나 배도 여름 음료의 좋은 재료다. 오디는 〈동의보감〉에서 '소갈증을 낫게 하고 오장을 편안하게 하며 소장열(小腸熱)과 열로 헌데가 생긴 것을 치료한다.'고 하였고, 과즙이 풍부한 배는 갈증을 잘 해소시켜 주므로 아토피 피부염의 과다한 열로 인해 소모된 진액을 잘 보충해 준다.

자극적인 음식에 길들여진 아이들에게는 우리 전통 음료가 낯설 수 있다. 그러나 일단 마셔보면 매우 맛이 좋으니, 현대적인 조리법을 이용해 아이들이 거부감 없이 받아들일 수 있도록 만들어 주면 아이들의 입맛을 어렵지 않게 사로잡을 수 있을 것이다.

205

참고문헌

EBS 아이의 밥상 제작팀, 〈아이의 식생활〉, 서울, 지식채널, 2010.
Pliny the Elder, 〈The Natural History〉, 77.
(http://www.perseus.tufts.edu/hopper/text?doc=Plin.+Nat.+toc&redirect=true)
김영진, 〈조선시대 전기농서〉, 서울, 한국농촌경제연구원, 1984.
김천택, 〈청구영언〉, 서울, 명지대학교출판부, 1995.
농촌진흥청, 〈식품성분표〉, 서울, 효일, 2007.
다음을 지키는 엄마 모임, 〈차라리 아이를 굶겨라〉, 서울, 시공사, 2000.
박수현, 〈바다 생물 이름 풀이사전〉, 서울, 지성사, 2008.
박후근, 〈생선과 건강〉, 서울, 한국수산신보사, 1992.
서유구, 〈전어지〉, 서울, 한국어촌어항협회, 2007.
쓰루미 요시유키, 〈해삼의 눈〉, 서울, 뿌리와이파리, 2004.
유미경, 〈우리 콩 세계로 나아가다〉, 파주, 한국학술정보, 2007.
유승훈, 〈우리나라 체염업과 소금민속〉, 서울, 민속원, 2008.
유중림, 〈증보산림경제〉, 서울, 신광출판사, 2003.
윤덕노, 〈붕어빵에도 족보가 있다〉, 성남, 청보리미디어, 2011.
이규태, 〈한국인의 민속문화〉, 밀레니엄북스, 2000.
이시하라 유미, 〈체온 1도 올리면 면역력이 5배 높아진다〉, 서울, 예인, 2010.
이익, 〈성호사설〉, 파주, 한길사, 2007.
전순의, 〈식료찬요〉, 서울, 예스민, 2008.
정약전, 〈자산어보〉, 파주, 지식산업사, 2009.
존 로빈스, 〈음식혁명〉, 서울, 시공사, 2006.
최영전, 〈성서의 식물〉, 서울, 아카데미서적, 1996.
프랭크 오스키, 〈오래 살고 싶으면 우유 절대로 마시지 마라〉, 서울, 이지북, 2003.
한국고전종합DB (http://db.itkc.or.kr/itkcdb/mainIndexIframe.jsp)
해롤드 맥기, 〈음식과 요리〉, 서울, 백년후, 2011.
허준, 〈동의보감〉, 경남, 동의보감출판사, 2006.
홍석모, 〈동국세시기〉, 서울, 홍신문화사, 2008.
홍선표, 〈조선요리학〉, 서울, 조광사, 1940.
홍승면, 〈백미백상〉, 서울, 학원사, 1983.

memo

memo